中国中小城市科学发展研究丛书

# 长垣市高质量发展之路

中国中小城市发展道路研究课题组
国信中小城市指数研究院 编

*High Quality Development Road of*
*Changyuan City*

社会科学文献出版社
SOCIAL SCIENCES ACADEMIC PRESS (CHINA)

# 长垣市高质量发展研究课题组名单

课题组组长：**牛凤瑞**　中小城市研究院院长、中国社会科学院原城市发展与环境研究所所长

课题组秘书长：**吕伟华**　中小城市研究院秘书长

课题组成员：**张央青**　中小城市研究院执行院长

　　　　　　**杨朝飞**　环境保护部原总工程师

　　　　　　**程学斌**　中国扶贫开发协会副会长

　　　　　　**李京峄**　中组部政策研究室原副主任

　　　　　　**杨跃承**　科技部火炬中心原副主任

　　　　　　**郭建军**　国家贫困地区产业发展基金财务总监、原国扶办规划财务司副司长

　　　　　　**蔡继辉**　社会科学文献出版社副总编辑

　　　　　　**王军锋**　南开大学循环经济与低碳发展研究中心主任

　　　　　　**顾永涛**　国家发改委城市和小城镇发展中心综合所所长

**岳永兵**　中国自然资源经济研究院改革研
　　　　究所副所长

**胡丽莹**　中小城市研究院副秘书长兼办公
　　　　室主任

# 目　录

# 主报告

## 长垣高质量发展之路

长垣地处河南省东北部，东临黄河，与山东省隔河相望，2019 年撤县设市。长垣一不沿海，二不邻近中心大城市，三无矿产资源，四无交通大动脉通过，曾经是典型的内陆农业县、河南省县域发展的"差等生"。近年来，长垣坚持以新发展理念引领经济社会发展和生态环境建设，保持高质量发展态势，已经连续三年在河南省高质量发展考评中位居县市前三。"十三五"期间长垣地区生产总值年均增速为 7.9%，一般公共预算收入年均增长率为 17.3%，城乡居民人均可支配收入年均增长率分别为 7.2% 和 9.2%。居民人均可支配收入提前一年实现比 2010 年翻一番目标，城乡居民人均可支配收入之比亦由"十二五"时期末的 1.45 下降为 1.32。2020 年，长垣地区生产总值达

490 亿元，较上年增长 4.9%，增速居全省直管县第一位；固定资产投资同比增长 6.2%，居全省直管县第二位；一般公共预算收入同比增长 12.5%，居全省直管县第一位；规模以上工业增加值同比增长 8.3%，居全省直管县第一位。在全国经济下行压力加大和新冠肺炎疫情强烈冲击的宏观背景下，长垣的成绩单更显难能可贵。解读长垣高质量发展的成功密码对内陆同类县域发展具有借鉴意义。长垣成功经验涵盖各个方面，以下几点尤应值得各地参考。

## 一 坚持民营经济立县（市），持续发展 壮大特色产业，夯实高质量发展根基

高质量发展的主题是发展，科学发展观的第一要义是发展。作为发展中大国，解放和发展社会生产力、创造更多的社会财富是解决中国一切问题的基础和关键。长垣农业发展自然资源不足，工业发展产业先天不足，国有产业实力小而弱，唯有把民营经济作为立县之本，走内生的植根于本土的民营经济发展之路。长垣素有重商传统，人民群众吃苦耐劳、开放包容，具有民营经济发展的深厚土壤。立足于这一现实，长垣政府解放思想，明确提出，"不重比例重发展，不重属性重作用"，大力倡导致富、争富、先富的新观念，出台多种政策措施鼓励支持和引导民营经济发展，放手发动广大群众创业创富。长垣民营经济乘改革开

放东风，从传统家庭副业、手工作坊起步，逐步发展壮大。20世纪80年代通过"劳务经济"赚得第一桶金，20世纪90年代通过发展"回归经济"奠定起飞基础，21世纪通过特色产业重大专项和建设产业园区，提升产业能级，做大做强，做专做精。经过40年的持续发展，已经形成了起重机械、医疗器械、建筑防腐、烹饪等驰名全国的民营经济特色产业集群，成为长垣经济高质量发展的主要载体和重要标志。

截至2020年底，长垣起重机整机生产企业有168家，配套生产企业有600余家，桥门式起重机国内市场占有率达70%。全市医疗器械生产企业达117家，经营企业有3989家，产品覆盖全国65%以上的医院。抗击新冠肺炎疫情期间，长垣累计调出医用防护服109.05万套、口罩2.18亿只。疫情紧张时期，国家调拨支援武汉地区的医用防护服有1/4来自长垣，受到国家40个部委、省区和60多个省外地市的来信表扬和感谢。全市注册建筑防腐企业685家，产值、利税、职工数量等占全国市场份额均达65%以上。全市厨师从业者有3万多人，有中国烹饪大师和中国烹饪名师共计106名，服务于全国各地和世界46个国家和地区。2020年长垣起重机械、医疗耗材、建筑防腐三大行业增加值占长垣全市GDP的比重近50%，税收贡献率超过60%，体现了民营经济在富民强市中的基础地位，也为长垣高质量发展夯实了根基。

# 二 转变行政职能，优化营商环境，构建高质量经济发展的体制机制

高质量经济发展的中心内容是提高社会要素的整体配置效率。市场具有自动调节要素配置的机制和功能。民营经济的发达有赖于市场机制，高质量经济发展也离不开市场机制。但市场不是万能的，也存在失灵和失效。必须对市场进行规范、监管、引导、协调、控制和服务，以有为政府培育有效市场。这是社会主义市场经济体制的完整含义，即市场在资源配置中起决定性作用，更好地发挥政府作用。为此，长垣持续推进行政职能转型，坚决退出对企业经营行为的行政干预，着力解决企业所不为、不能为的问题，强化公共服务，为企业创新发展、转型升级构建良好的营商环境。

## （一）为企业发展构建良好的外部硬件条件

长垣发挥体制优势，集中社会财力，加快完善交通、能源、供水、通信等公共基础设施，为企业经营提供良好的外部硬件条件。优化空间布局，建设产业园区，为主导产业链上下延伸，实现聚集发展、集群发展构建广阔平台。改革建设用地征用制度，确保供地即开工，解决企业发展用地难题。

## （二）为企业提供便捷高效的公共服务

深化放管服改革和商事制度改革，简化行政审批环节，精简办证手续。办理施工许可时限被压缩至 1~2 个工作日，涉及材料从 2018 年的 15 项精简到 2020 年的 8 项。改革审批服务方式，实行"承诺办理""容缺办理""预约办理""延时服务"。压缩纳税次数，2019 年纳税次数为 7 次，2020 年已减为 6 次，纳税材料较上年减少 25%。办税服务厅平均办理时长为 2 分 7 秒，等待时长为 3 分 35 秒，均低于省局提出的 8 分钟办理、15 分钟等待的时长标准。推进"一次办妥"政务服务，打造智慧政务网上平台，行政审批时限缩短 80% 以上。在市场准入、工商登记、信贷、用地、减税降费等方面，尽可能放宽，做到企业只进一扇门，最多跑一次，为企业经营提供优质服务。全市工程建设项目审批时限在 90 天之内，其中社会投资类项目审批时限在 42 个工作日内。企业开办时限和设立登记时限分别压缩至 2 个工作日和 1 个工作日。企业备案项目压缩至 1 个工作日。不动产一般登记压缩至 3 个工作日。抵押登记压缩至 1 个工作日。异议登记、注销登记、查封登记、登记查询 1 小时办结。供水供气供暖报装时限全部压缩至 3 个工作日。

## （三）推进服务型执法

依法慎用查封、扣押、冻结等强制措施，积极落实行政执法事前提示、事中指导、事后回访制度，坚持处罚与教育并重。打击假冒伪劣，查处各类违法案件，严把案件审核关，确保无错案发生。检察院 12309 检察服务中心接到所有涉企立案监督申请均能当天审查、当天转交、当天立案，并做出程序性回复。持续开展企业法治体验专项活动，律师服务团队先后进入 25 家企业开展公益法治体检，解读宣讲政策，提出风险分析，开展复工、复产法治宣传和法律咨询，优化了法治化营商环境。

### （四）提升企业内生发展能力

提高企业家素质，引导民营经济建立现代企业制度。企业家群体关系民营经济的成败兴衰，是我国社会主义市场经济体制的稀缺资源。进入新时代，第一代创业企业家在观念、管理方式和创新能力等方面的问题已经成为企业发展的严重制约，企业产权不明晰、治理不规范、管理不科学等问题也不同程度地制约着企业进一步发展壮大。针对这一现实问题，长垣通过组织培训学习、交流沟通等形式，帮助企业家更新知识、提升能力、开阔视野。引导有条件的民营企业在传承优良传统的基础上，创新产权制度，建立法人产权制度，完善职业经理人制度，推行企业管理人员任期制契约化。2018 年长垣成立青年企业家俱乐部，已帮助 78 名"创二代"和"青二代"提升素质能力，实现自主创业或顺利接班。

### （五）构建亲清的政商关系

亲清的政商关系是良好营商环境的基础保证和主要特征。改革开放初期的政企分开要解决的是政府对企业经营活动的过度干预，而不是政府与企业彻底脱钩。长垣一方面建立市级领导联系重点企业、重点项目制度，为企业协调重大外部关系，推行"首席服务员"制，实实在在地为企业排忧解难；另一方面以构建亲清的政商关系为目标，强化对关键人、关键岗位、关键程序的监管，真正做到亲而有界、清而有为。对全市营商环境设立第三方评估机制，解决粗暴执法、选择性执法等痼疾，确保优化营商环境的各项措施落到实处。良好的营商环境降低了企业外部交易成本，激发了长垣"回归经济"动能，促使一批在外精英以总部回归、项目回迁、资金回流、人才回乡等方式回长垣投资创业。全市返乡创业累计达 3.6 万人，创办企业 1000 余家。与此同时，长垣也逐步成为资本的洼地和人才的高地，已经吸引 453 名高层次人才到长垣工作。

## 三　坚持生态优先，绿色发展，做实做靓
## 　　高质量发展本底

高质量发展的本质是质量第一，效益优先，以资源

利用高效率为中心。良好的生态环境既是高质量发展的本质和起点，也是高质量发展可持续的基础，必须置于优先地位。绿色发展本质是低碳、零碳、碳中和等生产生活方式的发展和普及，是资源节约利用、集约利用、循环利用和综合利用的发展。长垣牢固树立社会主义生态文明观，自觉遵循自然规律，精准治污，科学管控，以绿色发展引领高质量发展，推动形成人与自然和谐相处的新格局。

**（一）打好防治污染的攻坚战，着力解决突出的环境问题**

实施燃煤锅炉拆改市域全覆盖。共拆除或清洁能源改造燃煤锅炉 220 余台，合计 400 蒸吨；对排查出的 600 余台（套）经营性煤炉、大灶和 98 家燃煤散点全部取缔整改；2500 多辆黄标车全部淘汰，取缔整改"散乱污"企业 560 余家。加快燃气工程建设，建成乡镇燃气管网 450 余公里。全市减排二氧化碳 1860 吨、氮氧化物 3000 余吨。2020 年市域 PM2.5、PM10 等指标较 2016 年分别下降 16.4%、15.9%。先后建成并投入运营污水处理厂两座，日实际处理量达 9.2 万吨，每年可消减 COD（化学需氧量）3630 吨、氨氮 680 吨、总磷 60 余吨。严格控制面源污染，加强对农药、化肥、农膜使用的管控。加大农村环境综合整治，先后铺设农村污水主管网 2420 公里，建设污水处理站 367 座，农村无害化卫生厕所覆盖率达 93.5%。"十三五"期间长垣水环境质量由 V 类提升至 IV 类。

### （二）调整国土空间结构，优化发展要素组合

统筹人口、产业、城乡布局，实现城市规模、产业发展与生态容量相适应。扩大城乡绿色空间，构建生态安全格局。全面推进市域路网、水网、林网"三网融合"，建成天然文岩渠引黄调蓄工程等一批生态项目和黄河湾森林公园等一批生态游园。实施重点企业退城入园，优化用地结构。城市建成区绿化覆盖率达 41.2%，人均公园绿地面积达 12.5 平方米。全域推进美丽乡村建设，建成围村林 411 个，新增街道绿化村 450 个，街道廊道绿化 1893 公里，成片造林 9 万余亩。全市林木覆盖率达 35.0%。良好的生态环境为长垣人民建设美好生活家园奠定了基础，也为长垣高质量可持续发展注入了不竭的动力。

### （三）划定资源环境生态红线

严守资源消耗上限、环境质量底线和生态保护红线。实施能源消费总量和消费强度"双控"制度。把节能评估审查作为能源"双控"的重要措施。落实最严格的水资源管理制度。严守用水总量控制、用水效率控制、水功能区限制纳污三条红线，对各类发展规划和重大项目布局进行水资源论证。全面推进饮用水水源一级、二级保护区内生

态保护和环境整治，依法取缔所有排污口。确定污染物排放总量限值和环境风险防控措施。落实京津冀国家重点控制区大气污染物特别排放限值。实施农产品产地安全区划和重金属污染防治规划，强化土壤环境质量监测和污染风险评估。划定禁止开发建设区域和核心生态区域生态保护红线，落实生态红线区划技术规范和管制措施，确保生态功能不降低、面积不减少、性质不改变。

### （四）积极探索碳中和路径

长垣通过政策优惠和资金支持，鼓励企业加大碳排放治理，开展碳捕捉、碳回收利用和碳封存技术的研发与应用。通过提升市域森林覆盖率水平，降低大气中二氧化碳浓度。通过先行一步培养碳排放管理人员，筹备建立碳交易平台，尽早建立碳排放制度，激励企业向绿色转型，争做生态文明建设先锋。

## 四 坚持创新驱动，提升产业能级，推动经济高质量发展

以较少的资源消耗取得更大的效益，全面提高资源利用效率是高质量经济发展的本质要求。提高资源利用效率的关键环节在节能减排，而节能减排的根本动力在科学技术的进步。科学技术是第一生产力，科学技术创新是高质

量发展的根本保证和战略支撑。在国家层面，科学技术创新的基本方向是加强基础研究，实现前瞻性基础研究和引领性原创成果的重大突破，占领世界科技前沿高地。在市（县）域层面发展方向是引进、应用、消化先进适用技术，以既有新技术、新工艺、新设备、新材料改造现有产业，提升产业能级，增强企业市场竞争力。长垣从自身特点出发，把科技创新作为推动高质量发展的关键举措，坚持抓紧抓实，常抓不懈，抓出成效。

## （一）构建利好创新环境

实施"创新驱动、品牌带动、标准引领、质量提升、企业上市、人才支撑"六大工程，制定系列政策，建立以企业为主体、市场为导向、产学研深度融合的科技创新体系，在全市形成鼓励创新、支持创新、表彰创新、宽容创新失败的社会氛围。引导企业转型升级、创新驱动发展，助力企业从小到大，做精做强。设立"中小企业帮扶解困资金""小型微型企业信贷风险补偿资金"，为企业转型升级和技术创新提供支持。全市累计奖补企业创新发展基金7.6亿元，2020年全社会研究与试验发展经费投入强度为3.6%。

## （二）搭建创新合作平台

投资10亿元建成集科技创新服务、投资融资、检验检测、人才培训等八大功能于一体的公共服务平台。帮助和指导企业争取各类支持项目 120 余项，设立省级以上创新平台 111 个、院士工作站 7 家、国家级高新技术企业 83 家。

## （三）推进重大专项，提升产业能级

规划实施总投资 60 亿元的驼人医疗器械产业新城、总投资 30 亿元的卫华智能装备产业园、总投资 26 亿元的河矿智能制造产业园等重大产业专项，引导主导产业以科技创新驱动高端化、智能化、绿色化、服务化发展，推动产业链向上下游延伸、集群集聚发展。组建起重机械、卫生材料及医疗器械、防腐蚀及建筑新材料产业技术创新联盟，整合资源、形成合力，聚焦关键技术创新。全市规模以上工业企业数量由 2017 年的 173 家增加到 2020 年的 271 家，纳税超亿元企业由原来的 3 家增加到 6 家。全市专利授权量累计达 11347 件，居省直管县（市）第一位。

## （四）实施"人才强市"战略

技术创新的基础是人才特别是领军人才。长垣坚持实施人才兴（县）市战略，先后与 10 位两院院士、15 位中原学者等国家级高端人才建立稳定的合作关系。与 86 家高校、科研院所、高能级研发平台建立了产学研合作关系。发展职业教育，为企业定向培训专业人才和技术工人 2 万余人次。

### （五）扩大对外开放，在更广阔的空间上集聚创新要素

长垣连续多年举办起重机械高峰论坛、防腐蚀国际博览会、医疗器械国际贸易洽谈会、中国职业装产业大会等大型会展活动，打造行业高端品牌盛会，提升长垣产业知名度和影响力，推动市内外企业对接合作。引进北京起重运输机械设计研究院河南分院、中关村天合科技成果转化促进中心、河南省农科院长垣分院等8家科技机构落户长垣。深入对接郑洛国家自主创新示范区，积极创建中国制造2025示范区。

## 五 共建共享，改善民生，把高质量发展的根本目的落到实处

广大人民群众公平共享发展成果是高质量发展的应有之义，提高人民群众的幸福感、获得感和安全感是高质量发展的重要标志。高质量发展的根本目的是改善民生，提升人民福祉，实现人民群众对美好生活的新向往。民营经济的大发展为长垣居民充分就业、增加收入提供了保证，经济实力的跃升为长垣建立较为完善的民生公共服务体系提供了财力保障。

### （一）推进以人民根本利益为中心的新型城市化

大力提升城市综合承载力，把城市建设成为宜居、宜业、宜学、宜游、宜乐的民生主体家园。推动城市扩容提

质，累计实施城市建设提质工程项目 533 个，完成投资 627 亿元，城市建成区面积达 48 平方公里。完成老旧小区改造项目 14 个，府后街、西内环等 25 条道路提升项目建成并投入使用，改善了老城区群众生活和出行条件。九龙湿地公园、王家潭湿地森林公园等生态水系节点工程投入使用，供水、污水集中处理基本实现建成区覆盖。积极建设智慧城市。城市公共服务便捷化、管理精细化、生活环境宜居化、基础设施智能化水平显著提高。

### （二）推进城乡融合发展

按照"组织统领、规划引领、改革驱动、示范带动、系统推动"的思路，实施市域乡村建设示范工程。补齐民生短板，稳步推进城乡基本公共服务相对均等化。完成国土空间总体规划编制，围绕"三滩分治"的新理念、新思路，精准布局嫩滩、二滩、高滩，重塑长垣空间发展格局。统筹实施滩区移民进城工程和服装小镇建设，一步到位。2020 年底已完成了 3 个滩区乡镇、22 个行政村、3.1 万人的搬迁安置任务。实施农村饮水安全集中供水工程，全市农村集中供水率、自来水普及率和水质达标率均达 100%。加快农村电网改造升级，95% 以上的行政村已实现光纤到村。

### （三）提升民生公共服务水平

聚焦幼有善育、学有优教、劳有厚得、病有良医、老有颐养、住有宜居、弱有众扶"新七有"目标，持续提升民生公共服务供给水平。"十三五"以来，长垣各项民生支出累计达212亿元，占公共预算支出的比例年均达70%以上。全市累计新建公办幼儿园36所，新建改扩建中小学161所，学前三年毛入园率、义务教育巩固率、高中阶段毛入学率分别为91%、96%和92%，成功创建国家义务教育发展基本均衡县（市）。医疗卫生服务体系实现提质升级。市医疗中心建成运营，建成标准化卫生室140所，国家级紧密型县域医共体建设试点稳步推进。建成标准化养老院和养老服务中心71所，95%的特困人员和50%的独居老人实现集中供养。建设公共租赁住房2.45万套，满足了低收入住房困难阶层和新市民群体安居需求，楼市运行平稳。"十三五"期间全市52个贫困村、13058户、38953名建卡贫困户全部脱贫。

**（四）加强社会治理体系建设**

建设社会综合治理服务中心，形成市（县）、乡镇、村居三级社会治理体系。立足于现代信息技术和大数据深度应用，综合治理、综合执法、综合服务平台一体化运行，实现一个中心指挥调度，民生诉求一个不漏、一网尽收、一键办理。人民法庭、派出所、司法所联动，整合政法干警、律师及基层法律工作者等资源，健全和完善全方位、多层次的法律公共服务体系。开展政法工作者访民情、解民忧活动，排查矛盾纠纷，解决民众诉求。配备法律顾问106 人，建立法律顾问微信群 609 个，设立诉调对接中心，开展法官前出、调解员全程跟进活动，为企业、群众提供法律咨询和专业指导服务。建立河南省首家"微警局"，民警下沉 272 人，建立警务工作室。深入推进扫黑除恶专项斗争，公众安全感指数、政法机关执法满意度多年位居全省前列，被评为河南省平安建设工作优秀县（市）、全国信访工作"三无县（市）"。

## 六　坚持党的领导，发挥制度优势，以高质量党建工作统领高质量发展

东西南北中，党政军民学，党是领导一切的。我国的政治经济社会制度决定了党在治国理政中总揽全局、把握方向、制定政策的核心地位，也决定了中共县（市）委在县（市）域高质量发展中的统领地位。而县（市）域的资源幅员和完备的社会组织体系也为县（市）委发挥统领作用、保障高质量发展提供了可能。我国地域辽阔，实行省、地、县、乡四级行政管理体制，其中县级行政区处于承上启下的关键环节，两千多年来一直是行政建制的基本单元。全国有 2800 多个县级行政区划，每个县级辖区一般拥有数十万甚至上百万人口及数百甚至数千平方公里的国土面积，可谓城市与乡村兼备、工农商学兵门类齐全，具有整合资

源、优化结构的基本条件。县域党政公检法、社会团体等组织体系健全，拥有协调各方复杂利益关系、形成合力的社会组织架构。县域内各乡镇之间资源禀赋、文化传统差异较小，较易达成共识，实施一体化的高质量发展政策措施成功概率较高。县对各乡镇信息把握相对充分，上下沟通便利，有利于县对乡镇及时进行指导，对高质量发展的政策措施及时进行调整和纠偏。而乡镇一级空间较小，整合资源受到区划范围的限制；省、地一级因所辖区域差异大，实施一体化的政策措施难度较大。改革开放 40 多年来，县域经济发展强烈的内在动力、横向竞争激发出的活力，是我国综合国力实现历史性跨越的重要基础支撑。长垣坚持党的集中领导，发挥制度体制优势，充分利用县域整合资源、优化结构的可能条件，以党建工作统领高质量发展。历届县（市）委、县（市）政府不忘初心、牢记使命，坚持立党为公，执政为民，践行全心全意为人民服务的根本宗旨，坚定不移地实施"民营经济立县（市）"战略，坚持鼓励、支持、放手发展民营经济的战略方向不动摇。历任领导班子在县（市）域发展战略、基本思路和路径的把握上高度连贯，不折腾，不懈怠，形成了一张蓝图绘到底、一任接着一任干的优良工作作风。凡是对长垣发展有利、能让长垣百姓得实惠的事情就要一抓到底、一干到成。这种没有内耗、一心一意谋发展的风清气正的政治生态环境，开放包容、昂扬向上、同心同德干事业的社会氛围是长垣高质量发展最关键的密码。

进入新时代，长垣更加自觉地坚持以党建工作引领高质量发展，保障高质量发展。实现党组织全覆盖，形成市域内自上而下、纵向贯通的党建工作模式。通过优育、优招、优请、优选、优派等"五个一批"，选优配强村党支部书记，培育一批有号召力的引领党建工作的明白人，夯实党的基层组织基础。全市建立非公企业党建服务站14个，建立民营企业党组织402个，拥有党员3180人，实现了重点民营企业党组织全覆盖。以党建服务助力企业发展，切实把党的政治优势、制度优势和组织优势转化为企业竞争优势、管理优势和人才优势。

长垣把党建工作融入改革开放和高质量发展之中，注重在社会实践中发挥党员的先锋模范作用，提升党员队伍素质，增强党的基层组织凝聚力和战斗力。扎实推进抓党建促乡村振兴，把改革作为党组织工作能力的试金石。坚持开展"支部联支部，党员联农户"活动。2019年以来有396个市直单位党支部与219个村党支部结对共建，4773名党员帮扶贫困户5105人。选举"能改革、会改革"的87名同志进入党支部。在征缴超占宅基地有偿使用费改革中，村党支部书记及其亲属、国家干部及其亲属带头缴纳，践行在改革和发展的实践中改进作风，在转变作风中提升党建质量。

长垣高质量发展内涵丰富，除以上六点之外还有遗漏，所做分析亦有浅陋之处。长垣发展也还存在不少难题和不确定性，如经济发展水平有待进一步提高，主导产业的精专特新发展任重道远等。但长垣已经站在更高起点上，期待长垣带来更多的惊喜。

# 分报告一

## 长垣特色产业之路

习近平总书记多次指出，当前世界正经历百年未有之大变局，这是对"十四五"时期以至未来我国发展外部环境的高度概括。全球新一轮科技革命引发的全球产业变革是百年未有之大变局中最重要的环境变量，是从国家到地方研究产业转型发展的重要内容。为应对全球科技革命和国际产业变革，国家陆续出台了一系列战略举措，并鲜明提出要建设现代化产业体系，促进制造业高质量发展，确保我国在新一轮全球经济竞争中继续保持优势地位。这为长垣制定顶层设计、研究产业发展模式提供了明确的指导意义。

改革开放40多年来，长垣实现了县域经济发展的精彩蝶变，从无到有，由弱到强，形成了起重机械、医疗耗材、建筑防腐、美食烹饪四大主导产业，创造了名震中原的"长垣模式""长垣现象"。长垣是全国最大的起重机械及配件交易集散地，桥门式起重机国内市场占有率达70%，全国行业前十强中长垣占了6家，是国家级出口起重机械质量安全示范区。以卫华为代表的长垣民营企业更是走出国门，业务覆盖美国、英国、澳大利亚、俄罗斯和东南亚、中亚、中东、非洲、南美等130多个国家和地区。长垣建筑防腐企业积极参与西气东输、南水北调、卫星发射、北京鸟巢、杭州湾跨海大桥等全国重大工程，并且多项参建工程荣获国家大奖，赢得了"长垣防腐让世界永不生锈"的美誉。"长垣厨师遍天下，刀勺声里多名家"，河南省有国家烹饪大师106名，长垣占68名，烹饪从业者3万多人，遍布全球46个国家和地区。

黄河流域生态保护和高质量发展上升为国家战略，为长垣带来了重大历史发展机遇，长垣因势而起、顺势而为、谋势而上，从昔日的黄泛区蜕变成为黄河流域生态保护和高质量发展示范高地。在制造业转型发展中大力实施绿色改造、智能改造和技术改造，加快新旧动能持续转换和结构转型升级，全力推动起重装备业提质增效。通过生产方式绿色化、生产过程智能化、生产产品高端化，逐步实现从长垣制造到长垣创造、从长垣产品到长垣品牌、从长垣速度到长垣质量的转变。

# 一　咬定发展不放松，四轮驱动造就长垣速度

## （一）一把锤子敲出"中国起重机械名城"

### 1. 加快起重装备产业生态圈构建

（1）推动"独立发展"向"协作共赢"转变。聚合产业链上各环节企业，集聚研发、资本、人才、数据、交易、物流等多种要素，营造起重装备产业发展生态圈，通过成员间建立"横向连接、纵向融合"的模式，实现信息共享、业务联动、资源互补，从过去的"独自为王、独立经营"向"同力协契、合作共赢"发展模式转变。突出卫华集团、河南矿山集团等大型企业集团的核心作用，引导中小型企业明确自身定位，走差异化发展道路，成为细分领域的"单项冠军"，通过大中小企业"协同制造"，不断扩大"长垣起重装备"品牌在世界范围内的影响力。长垣是全国最大的起重机械及配件交易集散地，也是国家级出口起重机械质量安全示范区。桥门式起重机国内市场占有率达70%，大吨位桥门式高端起重机国内市场占有率达30%以上，现有起重机整机生产企业168家、配套生产企业600余家（规模以上起重企业111家），形成了"整机生产＋零部件配套"企业协同发展的产业格局（见表1）。

表1　2017~2019年长垣市起重机械产业发展情况

| 相关情况 | 2017年 | 2018年 | 2019年 |
|---|---|---|---|
| 从业人数（人） | 73242 | 76842 | 79668 |
| 企业数量（整机及配套生产）（家） | 1100 | 1100 | 1100 |
| "四上"企业（家） | 186 | 160 | 198 |
| 规模以上工业企业（家） | 76 | 66 | 97 |
| 销售收入（亿元） | 520.10 | 644.92 | 784.87 |
| 纳税额（亿元） | 10.69 | 14.23 | 16.79 |

资料来源：吉喆、张毅、梁鑫等：《长垣市起重机械产业发展现状与思考》，《起重运输机械》2020年第19期，第107~110页。

（2）推动"生产型制造"向"服务型制造"转变。推动先进制造业与现代服务业深度融合发展，积极发展与起重机械制造相关的研发设计、检验检测认证、现代物流、技术服务、金融服务、生产性租赁服务、商务服务等，不断推动起重机械产业商业模式和业态创新。积极开展"交钥匙"工程，从起重机械的"产品制造商"向"整体解决方案商"转变。聚焦柔性生产线、智能仓储中心等重点领域，发展集厂房设计、生产流程设计、模块设计、整机制造等于一体的定制化、一体化解决方案。

（3）加快起重装备核心领域关键技术突破。把握起重装备行业朝着无人化、数字化、智能化升级发展的趋势，积极融入智能制造整体系统，深入开展起重装备全自动智能控制研究，突破远程遥控、无人操作、精准作业等关键技术。加快开发"全智能、高精度、大跨度、超高度、防

23

摇摆"的国际领先起重机,实现轨迹控制、环境感知、智能避障、远程控制与智能故障诊断等多种功能,从产品轻量化、能耗、效益三方面入手,推动起重装备产业向高端化发展。针对主机产业核心需求,重点引进和研发减速器、高效电机、控制系统等关键部件,向结构紧凑、传递扭矩大、工作平稳、噪声低、寿命长的三合一电机方向发展,不断提升产品的技术水平、质量、可靠性和适应性,摆脱对外依赖,加快国产替代,不断提升产品核心竞争力。

**2. 不断拓展机械制造应用新领域**

(1)深耕港口智能物流装备市场。我国集装箱起重装备国际市场占有率达80%以上,产品出口到欧美等全球近百个国家和地区,港口起重装备年产值居世界第一位。长垣积极提升集装箱起重装备国际市场占有率,以卫华集团、河南矿山集团为引领,向"智慧港口"整体解决方案服务商进军。积极参与打造码头"无人港",集大型自动化装卸桥、自动引导车、全自动轨道吊、智能控制系统于一体,通过远程控制实现精准作业。持续巩固长垣在工业起重领域和港口解决方案方面的市场地位,提升在起重机维修、护理、现代化服务板块的竞争力。

(2)积极发展特殊环境下的特种起重装备。聚焦工业生产方式和用户需求的多样性,突出功能特殊、性能优势等特征,积极发展冶金、核电、航空、航天、环保、装配式建筑、造纸、食品、港口等特殊环境下的特种起重装备,实现主要场景多种工况的覆盖，不断向下游领域拓展。积极参与军民融合产业发展，拓展军工用特种起重机、外装式风电维护起重机、核级起重机、防尘防爆特种起重机、垃圾搬运起重机、航天发射塔用臂架式维修起重机等生产领域。

**3. 积极推进机械制造"跨界融合"**

（1）加快与智能物流产业"跨界融合"。顺应物流深度自动化和智能化发展趋势，重点开展自动化搬运与输送、自动识别与感知、自动化分拣与拣选、自动信息处理与控制等系统研发，发展自动输送分拣系统、自动导引车（AGV）、搬运穿梭车（RGV）、搬运装卸系统等智能仓储、装卸、搬运设备。积极参与大中城市垂直循环式等多类型立体车库建设，打造智慧停车整体解决方案，以"跨界融合"的方式不断拓展产业发展新领域。

（2）积极融入机器人等前沿科技领域。全面对接郑州都市圈及周边人工智能产业（AI）发展需求，充分发挥长垣机械制造深厚基础和优势，积极开发应用机器人自适应识别与抓取搬运技术，加快布局前沿科技领域。大力推动装配机器人实现位置偏差视觉识别、智能识别、位置预判及运动跟踪，开发码垛、搬运、仓储等多种类机器人，以及全自动化起重维修机器人、垃圾自动分拣设备等，实现起重装备应用多场景建设，提升产业核心竞争力。

25

## （二）一根棉签捻出"中国医疗耗材之都"

### 1. 打造国家医用防护用品生产基地

（1）持续巩固传统医用耗材领域优势地位。充分把握新冠肺炎疫情冲击及人口老龄化现象加剧带来的医用耗材市场激增需求，以医用卫生耗材制造优势为基础，不断加快低值耗材市场扩张，着力开展新型卫生敷料研发和制造。长垣市共有医疗器械生产、经营企业 3479 家，其中生产企业 117 家，经营企业 3362 家，规模以上企业 130 家，龙头企业 5 家（包括驼人、亚都、华西、亿信、健琪），涵盖医用防护用品和麻醉耗材等 20 个大类近 300 个品种，医疗耗材国内市场覆盖率达 65% 以上。驼人集团麻醉产品为中国第一品牌，主导产品麻醉包国内市场占有率为 48%，输注泵国内市场占有率为 26%，中心静脉导管、气管插管、呼吸回路在国内市场均销量第一。2020 年新冠肺炎疫情发生，长垣市医疗器械及医用卫材产业同比增长 67.3%（见图 1），远高于全市地区生产总值与规模以上工业增加值的增速。

（2）建设国家医用防护用品"三基地三中心"。充分对接口罩、防护服等医疗防护用品的全球市场需求，加快完善布局"无纺布材料 – 防护产品"产业链，积极打造河南省最大、国内知名的应急医用防护用品生产基地。对接国家应急物资战略储备库建设标准，提高医用防护用品储备能力，建立集中管理、统一调拨、平时服务、灾时应急、

（家）

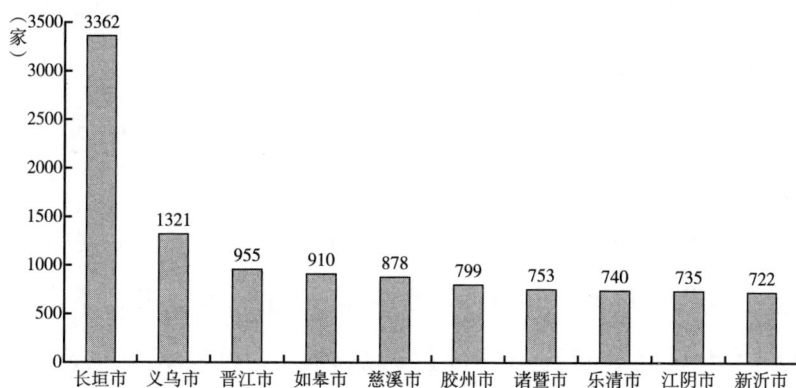

图1 2020年全国医疗器械经营企业数量分布TOP 10

资料来源：众成医械大数据平台。

采储结合等存储机制，助推其纳入全国医用防护物资供应保障体系，打造设施完备的国家医用防护用品储备基地。引进大型外贸综合服务企业和平台，提升产品检验检疫、金融保险等外贸综合服务能力，创建国内一流的国家医用防护用品进出口基地。依托河南省医疗器械检验长垣中心、驼人研究院检测中心、亚都集团等优势资源，着力打造国家医用防护用品研发中心、国家级医疗器械检验检测长垣中心、国家医用防护用品调拨中心。

**2. 积极开发高附加值功能性新产品**

（1）推动医疗耗材向高端化纵深延伸。加快手术和医用器械转型升级，加强在生物材料、纳米技术等领域的开发，促进辅料产品走向高端化、专业化。强化长垣在麻醉耗材领域的优势，在发展特色麻醉耗材产品的同时，向有源医疗设备的一次性配件产品和骨科、血管介入、眼科等植介入产品等高值耗材领域拓展。开发生产体育、厨房、通勤等领域功能性新产品，构建用途广泛、高科技含量和高附加值产品结构。

（2）积极拓展体外诊断（IVD）领域市场。立足我国体外诊断（IVD）市场，培育发展采用胶体金法、荧光定量 PCR 等技术的通用体外诊断试剂，适时发展生化诊断、免疫诊断、分子诊断等体外诊断试剂。积极开展医用检查检验仪器、体外诊断检测仪器、分子诊断检测仪器等检验诊断设备的制造和研发。积极发展第三方体外诊断中心、健康查体中心、健康档案和信息采集中心等医用检查检测服务。推动即时检验（POCT）向小型化、集成化、定量化发展，并借助互联网向家庭慢病监测和管理的新模式延伸。

（3）加快诊断监护设备研发制造。围绕急诊中心、围术期与重症中心、放射影像中心等医疗应用场景，与长三角、珠三角、环渤海等地区研发机构和龙头企业展开深入合作，重点开展影像 AI 辅助诊断设备的制造和研发，包括多能多排螺旋计算机断层成像（CT）、永磁磁共振或高场强超导磁共振成像（MRI）、正电子发射断层成像（PET）、高性能数字放射摄像（DR）及系统、高性能电子内窥/腔镜（ES）及其超声、光学相干、荧光、共聚焦等复合模态成像系统等。

### 3. 延伸拓展相关生命健康服务业

（1）"医工协同"探索培育生命健康制造业。加快建设以医疗器械及医用卫材为主导的大健康产业孵化平台，通过整合产业链上下游配套资源，积极打造在全国有影响力的大健康产业孵化中心。依托本地医疗器械制造基础，针对人口老龄化带来的问题，鼓励开发老年康复设备、远程医疗设备、心血管监护设备、可穿戴设备等产品。大力吸引社会资本投资医疗健康产业，推进发展"医工协同"开发诊断检测、中医诊疗、保健康复等健康设备，加快开发具有远程诊疗、人工智能等功能的健康设备。

（2）创新推动生命健康服务业集聚发展。进一步放宽医疗健康市场准入，建立健全全民健康服务体系，大力促进健康消费。进一步延伸医疗器械下游产业，拓展延伸健康管理、养老服务、专业母婴护理、照护康复等多样化生命健康服务，推动健康产业融合发展。培育发展健康服务业相关支撑产业，加快建设精准医学中心、生命信息大数据平台等，探索在医疗新技术、新药品、新器械审批准入等方面先行先试的优惠政策，切实推动健康服务产业集聚发展。

### （三）一把刷子绘出"中国防腐蚀之都"

### 1. 加快建设全国建筑防腐产业示范区

（1）推动建筑、防腐业从规模扩张向质量效益提升转型。积极推动建筑、防腐业从产业链中低端向中高端跨越，打造具有国际竞争力的"长垣建造""长垣防腐"品牌。充分发挥防腐企业在石油化工、电力、煤化工、油气管线、军工防腐等工程建设方面的技术优势，以及建筑劳务人员多等优势，有目标、有重点、有组织地开拓国内外建筑、防腐市场，引导建筑、防腐企业向项目融资、设计咨询、运营维护等高附加值的领域有序拓展。2019 年，长垣市完成建筑业产值（含防腐业）约 313 亿元（见表 2）。

表 2 长垣市建筑防腐产业发展情况

| 年份 | 企业数量（家） | 输出队伍数（支） | 完成产值（亿元） | 劳务收入（亿元） | 缴纳税金（亿元） |
|---|---|---|---|---|---|
| 2015 | 92 | 1020 | 161 | 25 | 1.11 |
| 2016 | 118 | 1200 | 177 | 28 | 3.28 |
| 2017 | 123 | 1939 | 219 | 22 | 6.70 |
| 2018 | 464 | 2020 | 264 | 26.4 | 9.70 |
| 2019 | 605 | 2165 | 313 | 30.8 | 16.80 |

资料来源：长垣市统计局。

（2）积极参与国内重大工程建设，不断提升"防腐之都"品牌影响力。积极参与西气东输、南水北调、卫星发射、北京鸟巢、杭州湾跨海大桥等全国重大防腐工程建设，多项参建工程荣获国家大奖。其中，东方集团参与建设的北京鸟巢、中冶防腐工程有限公司参与建设的多功能结冰风洞工程荣获"中国建设工程鲁班奖",建安防腐绝热有限公司参与建设的中国黄金集团乌努克吐山铜钼矿项目荣获国家优质工程银质奖。这些突出成就使其在业界赢得了"长垣防腐让世界永不生锈"的美誉。

（3）推进"回归工程",加快防腐总部基地建设。不断完善优惠政策,吸引建筑、防腐蚀及建筑新材料科研机构、施工企业、生产企业回归。对新引进的防腐蚀企业进行技术投入、人才培养、财税扶持、金融支持、品牌建设等全方位政策扶持,积极打造防腐总部基地。鼓励总部基地企业参与央企、国企及上市公司的重组及混合所有制改革等。目前,在境内注册的建筑及防腐施工企业有685家,其中拥有防水防腐保温专业承包一级资质的企业有261家,从业人员10万余人,防腐蚀工程承揽、产值、队伍数量等方面占全国份额均在65%以上,已初步形成防腐施工、防腐材料研发生产、总部经济集中的产业集群发展模式。

**2. 延伸发展防腐检验等上下游产业链**

（1）推动防腐材料研发检测平台建设。按照全产业链、全生命周期发展思路,推动建筑防腐向上游、下游延伸,建成千亿级防腐蚀全产业链全要素创新基地。加快建设防腐材料研发中心、防腐材料设备检测中心、防腐施工质量检测中心,以及谋划建设全国第一所防腐蚀职业技术学院。组建以高端新型、超常耐蚀新材料研发为核心的国家级实验室，通过创新平台经济模式，促进防腐材料转型升级。建设水性涂料检测中心，新材料检测中心，防腐蚀机具检测中心，防腐蚀技术推广应用中心，防腐蚀技术交流及材料、机具展销中心，提升长垣防腐形象和品牌影响力。

（2）与国内外大型企业协会建立长期战略合作关系。鼓励长垣本地市场竞争力强、信用度高的防腐企业与中国石化、中国石油、中国电建、中国交建等国字头企业建立长期战略合作关系，带动专业分包和专业作业企业"合作出海"。与全球主要防腐标准制定机构之一的美国涂料防护协会（SSPC）达成合作意向，在长垣正式设立了 SSPC 中国河南分会。与中国建筑业协会建筑防水分会、中国工业防腐蚀技术协会、中国腐蚀与防护学会合作，进一步延伸长垣防腐的产业链条。定期组织或积极参与国际及全国性的腐蚀控制技术高峰论坛、产品展览等专业会展，不断提升长垣防腐的竞争力和核心影响力。

**3. 加快研发装配式建筑防腐等新技术**

加快与装配式建筑产业联动发展。依托技术进步，提高产业科技含量，促进传统建筑、防腐产业向新材料、新技术、新工艺发展。积极推进建筑、防腐产业向智能和装配式建筑、绿色建筑以及绿色防腐新材料产业生产转型，提升建筑、防腐行业终端产品品质。积极组建钢结构防腐技术创新中心，推广钢结构防腐新技术在铁路、能源化工、电信等国家重点基础设施建设中的应用。生产和推广预制内隔墙、预制楼梯板和预制楼板等装配式混凝土结构及装配式钢结构，建设河南装配式混凝土结构及装配式钢结构应用示范区。

### （四）一把勺子炒香"中国厨师之乡"

#### 1. 创新发展厨乡餐饮美食业

（1）构建多产联动的"大餐饮"发展格局。"长垣厨师遍天下，刀勺声里多名家"，河南省有国家烹饪大师106名，长垣占68名，烹饪从业者3万多人，遍布全球46个国家和地区。长垣推动"育名师、推名菜、建名店"发展战略，加快餐饮业标准化生产、体验化消费、离散化配送，构建辐射"1.5小时大长垣生活圈"的美食餐饮业发展格局。注重文化传承，弘扬"厨师之乡"文化品牌，促进烹饪产业化发展。加强烹饪产业基础建设，推进烹饪产业与其他产业紧密融合，推动餐饮业向便利化、规范化、品牌化、特色化、标准化、规模化发展。

（2）积极打造"长垣大厨房"品牌。将厨师优势转化为美食产品优势。实施新厨师选用、新技艺运用和新创意应用等"三新"战略，打造时尚化、返璞化、健康化的"新派长垣菜"。依托长垣烹饪职业技术学院的培训资源，在人员、资金、政策等方面给予倾斜，进一步加大对厨乡餐饮培育改造、改良和烹饪加工企业的扶持力度，进一步完善餐饮培训机制。加快培育竞争力强、带动面广、"长垣烹制"特色突出的龙头餐饮企业；扶持以经营传统和新派长垣菜为特色的餐饮名店，鼓励企业挖掘传统和研发新派长垣菜；实施万人餐饮创业工程，创建一批具有地方特色、影响力大、带动能力强的美食名镇、名村、名街及举办美食文化活动，不断提升餐饮产品的知名度和市场竞争力。

（3）推动与绿色生态农业融合发展。围绕优势特色农产品，推动长垣餐饮美食业与绿色生态农业联动、融合发展，以特色美食带"活"绿色果蔬种植、食用菌种植、肉牛养殖、良种繁育等现代产业发展。引导长垣美食原辅材料基地建设，鼓励上规模、有实力的餐饮企业，采用订单农业的方式，推进以种植、养殖为主的原辅材料基地建设；鼓励品牌餐饮企业建立加工基地，实现统一配送；鼓励广大农民种养绿色无公害蔬菜、水产品和畜禽；鼓励龙头企业生产加工特色美食原料、辅料。

**2. 积极打造餐饮产业发展平台**

（1）打造新型美食街和餐饮市场。不断丰富长垣烹饪文化内涵，加快烹饪文化、餐饮文化载体建设，提升食博园、护城河休闲酒吧街等美食街区建设品质，打造集表演式、体验式、参与式于一体的餐饮集聚区。加快培育连锁经营餐饮名店，重点发展标准生产、快速烹饪式单品菜品，重点配套服务郑州都市圈的烹饪餐饮市场。重点把握"餐饮＋互联网""餐饮＋供应链""餐饮＋新零售""餐饮＋

灵魂用工"等新餐饮发展趋势，开发具有厨乡名师烹饪智慧的"云烹饪"智能设备，线上发展半成品和即食菜品等新零售产品，探索开拓3分钟即食、轻食、团餐等新型餐饮市场。

（2）规划建设美食烹饪产业园。加强烹饪产业基础建设，规划建设全国烹饪产业总部基地和品牌输出基地，形成由主食加工配送中心、原辅料基地等组成的美食烹饪产业园。紧扣时代脉搏，盘活发展渠道，在传统帮扶、合作、代运营的基础上，利用研讨会、文化沙龙等形式，不定期组织电商营销团队与生产加工企业对接，向生产加工企业反馈市场信息和大数据分析结果，指导生产加工企业不断深化供给侧结构性改革。不断延伸发展与美食相关的职业教育等产业，拓展会议会展、高端培训、中介服务、食品安全、研学体验等服务产业，提升烹饪总部经济发展能级和集聚辐射能力。

**3. 以美食带动文化旅游产业发展**

（1）打造"黄河垣乡、古蒲垣味"文化旅游名片。依托美食产业优势，充分融合农业、工业、生态、烹饪、文化、体育等旅游要素，以美食文化项目为带动，拓展延伸产业链。推进文化旅游全区域、全要素、全产业链发展，以美食带动黄河生态游、特色工业游、历史文化游、乡村休闲游发展，加快推动国家全域旅游示范区建设。充分挖掘北部乡镇生态资源，构建集生态美食、田园风光、文化体验、亲子娱乐等于一体的静谧型田园综合体，建设田园风情游憩区。重点开发主城区古蒲文化及产业集聚区工业文化，发展文化体验、美食休闲、科普观光等业态，建设多彩文化体验区。结合西部乡镇美丽乡村建设，配套发展慢生活精品民宿集聚区，以农家美食为切入点，打造乡村风貌游赏区。

（2）开创"美食＋文化＋旅游"新模式。采用"美食＋文化＋旅游"的新模式，用脚步丈量长垣，用味蕾感受美食，带动长垣现代服务业高质量发展。擦亮"厨师之乡""中华美食名城"招牌，提升长垣"美食旅游"名气，让美食成为人们感知当地历史和文化的重要途径，为长垣文旅增添丰富的文化魅力。不断完善烹饪文化博物馆等"美食旅游"设施建设，定期举办"长垣美食节"等大型活动，积极传播长垣美食文化。以美食带动"夜经济"发展，逐步形成了规范发展的夜游、夜娱、夜食、夜购等"夜经济"体验模式。

## 二　插上科技的翅膀，推动产业高质量转型升级

### （一）不断提升产业创新能力水平

#### 1. 积极推动智能制造发展

（1）不断增加产业研发投入。不断完善以企业为主体

的创新体系，持续增加企业创新投入，大力提升产业核心竞争力。截至 2020 年，长垣市产业集聚区规模以上工业企业 R&D 经费支出累计 13.56 亿元，R&D 经费支出占 GDP 的比重为 12%。产业集聚区改造投资占工业投资的比重持续增加，2020 年占比达到了 46% 以上。2015~2019 年，长垣市授权专利累计达到 11347 项（其中发明专利 425 项），是河南省第一个获批"河南省专利导航产业发展实验区"的县域产业集聚区。

（2）积极开展产业智能化改造。以卫华智能制造产业园、河南矿山智能制造产业园、驼人医疗器械产业新城等重大项目为带动，纵深推进产业智能化改造提效扩面，推动产业向高端化、智能化发展。引导企业开展智能诊断，以政府购买服务的方式，对有意愿进行智能改造的企业，以关键岗位、生产线、车间、工厂为诊断对象，遴选系统解决方案供应商，就企业能源利用效率、自动化与智能化水平及存在的问题等开展全面诊断。引导和支持系统解决方案供应商为企业制定智能化改造培训计划，并针对企业在生产管理中的薄弱环节提出改革建议。

（3）打造智能制造企业试点示范。以网络为基础、平台为核心，在起重装备、医疗器械等产业发展中推进工业互联网创新应用，将卫华集团开展工业互联网先导应用作为典型示范案例，联合工业互联网服务商，围绕企业综合管控智能化、产品全生命周期优化、产业链协同优化等重点方向，培育更多互联网应用创新行业标杆示范项目，形成具有行业示范和推广价值的典型经验和通用解决方案产品。2015～2019年，长垣产业集聚区成功入选国家级智能制造和工业互联网试点示范项目3个、国家两化融合贯标试点企业3家，通过（国家）两化融合管理体系贯标认证企业14家，建成省级以上智能工厂（车间）12个，入选省重点培育工业互联网平台1个（河南省仅3个）、省机器人"十百千"示范应用项目11个，2019年产业集聚区入选河南省首批智能化示范园区试点单位。

（4）强化产业数字经济赋能。加快推进5G与云计算、大数据、人工智能等深度融合，构建以卫华大数据平台为代表的工业互联网平台体系，推进产业数字化智能化发展。实施新业态新模式培育行动，发展基于互联网的远程运维服务、产品全生命周期管理和个性化定制服务。实施中小企业数字化赋能行动，支持服务商提供先进适用的工艺流程优化、经济实惠的解决方案。持续推动"企业上云"，开展"企业上云"创新服务试点，支持和鼓励行业企业运用云计算技术构建新型研发、生产、管理和服务模式，运用大数据技术实现生产工艺提升、过程控制优化。推进软件服务、制造资源、标准知识的开放共享，实现社会化、共享式制造模式。组织园区内企业、众创空间等积极开展"企业上云"主题活动，强化"企业上云"发展氛围。

**2. 不断加强区域创新合作**

（1）深化黄河流域产业创新协作。加强上下游、左右岸、干支流之间的战略协作，与周边区县共建制造业高质量发展协作区，强化起重装备、医药器械等优势产业对封丘、滑县的辐射带动作用。完善与东明县的产业合作和交通连接，积极参与打造黄河科创大走廊、黄河现代产业合作示范带，提升长垣在黄河流域的战略节点功能。合作建立研发平台，在医疗器械产业发达地区建立研发中心，通过战略投资、并购、合作开发等方式，联合高校院所开展新技术新产品攻关，丰富产品线，延伸产业链。

（2）全力对接融入郑州都市圈。紧紧把握郑州都市圈建设机遇，加强与郑州市、新乡市战略协作，以产业、交通及各类生产要素对接为重点，全面融入郑州都市圈建设。积极承接郑州市重点疏解、符合长垣定位的高等院校、高端制造配套等功能外溢，提升郑州创新、营销等高端服务环节对长垣传统特色产业的升级促进作用，构建紧密型"核心－外围"产业协作关系。加快链接郑州都市圈内城市智慧物流网络，创新发展干支线全程智慧物流服务，提升长垣制造的工业产品和农业产品的流通效率。

（3）强化与鲁南等地区的经济联动。把共建豫鲁省界区域合作示范区作为推动经济高质量发展和现代化建设的重要抓手，积极参与豫鲁交界区域合作示范区建设。加强与菏泽经济圈产业合作，探索建立鲁豫交界区域承接产业转移合作区，努力争取国家政策支持和资金扶持。加强产业创新领域合作，共同推进滩区纺织、机械、现代生物医药、文化旅游和农副产品精深加工等产业协作发展，打造制造业发展紧密协作区、中原黄河风情旅游区和现代农业发展聚集区。推动与青岛、济南等城市合作，探索共建产业合作示范园区，建立健全资源共用、成本共担、项目共促、利益共享合作机制。

**3. 培育引进高端创新人才**

（1）积极培育本土创新领军人才。不断创新人才培养、引进、评价、选用、管理和激励发展机制，在重点产业上，培养一批大师级本土人才。大力实施"双百人才"引进工程和人才集聚工程，先后培育引进高级专业人才和专业技术人才8000余名、院士5名、博士40余名、中原学者3名。成立外聘高层次人才协会等各类人才交流学习平台，优化人才成长环境，为产业高质量发展提供人才和智力支持。重点遴选支持长期扎根长垣、拥有国内领先水平、具有领军才能和发展潜力的中青年高层次人才和团队，实行特殊人才特殊培养，根据不同层次、不同类别人才特点，个性化定制培养路线。

（2）实施专业技能人才引育。充分发挥职业学校、技工院校对技能型人才培养的基础性作用，开展"定制式"技能人才培育，引导园区企业与院校定向合作，鼓励企业采用新型学徒制培养方式，针对企业对高技能人才的需求和实效性，加快培养一批面向本土产业的复合型、应用型高技能人才。开展"双师制"技能人才培养模式，组建"实习指导老师＋带教师傅"的"双导师"教学团队，制定教师进修、入企学习等制度。建立多形式高技能人才培养制度，鼓励企业开展多种形式的职工技能提升培训和新入职人员岗前培训，切实提高劳动者技能素质，为技术改造、转型升级、"机器换人"等新设备、新工艺应用推广提供人才支撑。对参加职业技能培训并取得相应职业资格证书的员工按照不同级别给予培训补贴，并通过上浮补助标准的方式鼓励企业优先对列入重点行业紧缺型高技能人才培养目录的工种进行培训。

（3）大力培养经营管理人才。开展优秀企业家建设工程，加快造就一批领军型企业家，重点培养一批成长型企业家，优先扶持一批初创型企业家。开展"优秀企业家培养计划"，培育造就一批具有世界战略眼光、能引领长垣产业优化升级、具有强烈开拓精神和社会责任感的高素质企业家队伍。培育一批专业化经营人才，积极引导企业完善经营管理人才年度薪酬管理制度、协议工资制度和股权激励等制度。鼓励企业培养和引进一批职业素养高、创新意识和经营管理能力强的职业经理人。加快发展一批具有战略规划、资本运作、市场营销、科技和项目管理能力与经验的专业人才。

## （二）积极推动产业绿色化改造

### 1. 积极推进企业清洁生产

（1）实现重点行业绿色升级。把绿色工厂、绿色产品、绿色园区、绿色供应链作为绿色制造体系的主要内容，加强节能环保技术、工艺、装备推广应用，强化产品全生命周期绿色管理，努力构建高效、清洁、低碳、循环的绿色制造体系。引导企业实施清洁生产，不断提高绿色低碳能源使用比率。加快新一代可循环流程工艺技术研发，大力开发推广具备能源高效利用、污染减量化、废弃物资源化利用和无害化处理等功能的工艺技术，推进节能、节水、节材和资源综合利用，从源头减少废物产生。以锅炉脱硫除尘、有机废气废水治理、城市污水污泥处理、垃圾焚烧等为重点，积极采用高效电机、锅炉等先进设备，用高效绿色生产工艺技术装备改造传统制造流程等，全面推行清洁生产。

（2）积极打造绿色工厂示范。大力创建和发展绿色工厂，深入开展经验交流、示范案例宣传，积极对接专业化绿色制造服务机构，让绿色成为长垣高质量发展的"最美底色"。严格项目准入，实施工业项目环境准入分区差别化环境管理，根据区域生态环境功能定位、保护目标、准入条件、保护措施等要求逐项进行符合性环保准入审查。2015～2019年，长垣获评国家绿色工厂2家、省级绿色工

厂2家、省级绿色工厂培育企业3家、省节能减排科技创新示范企业5家，2018年长垣产业集聚区被评定为国家级绿色园区。

**2. 持续推动企业技术改造**

（1）以新技术新工艺持续降低企业能耗。推动企业广泛采用新技术、新工艺、新设备、新材料，推进企业实施设备更新和升级换代，推动生产装备数字化，提升企业装备水平，提高产品质量和劳动生产率。着力引进低能耗、高附加值的高新技术产业项目，持续降低高耗能行业的比重。截至2020年底，长垣市已获批省技术创新示范企业4家，技术改造投资占工业投资的比重达到了38%。驼人医疗器械产业新城、卫华智能起重装备产业园、河南矿山智能制造产业园等一批产业重大项目正快速推进。

（2）加快建立技术改造重点项目库。不断提升长垣市产业基础能力和产业链水平，重点围绕起重机械、医疗耗材、建筑防腐、美食烹饪等主导产业，建材、化工、轻纺等传统产业，以及智能制造、汽车及零部件、新材料、新能源、新一代信息技术等新兴产业，工业企业聚焦工业强基、重点短板领域实施技术改造，对产业链关键环节和缺失环节进行强链补链、加强工业基础能力建设、推进传统产业数智化转型。针对企业技术改造重点项目，完善专项扶持和政策支撑，给予事后奖补、贷款贴息等不同方式的支持，扩大技术改造有效投资。

（3）对技术改造项目进行金融支持。鼓励金融机构加大对技术改造项目的扶持，加强银企合作，发挥财政资金的引导放大效应，促进技术改造投资和工业投资发展。技改资金支持方式包括事后奖补、贷款贴息、竞争性分配等。对实施工业技术改造投资且被纳入工业技术改造投资库的企业予以工业技术改造有效投资奖励。对已满足完工评价条件且被纳入工业技术改造投资库的技术改造项目予以工业企业技术改造设备补贴。对被纳入工业投资库或工业技术改造库的重大工业投资项目或技术改造项目予以重大工业投资项目奖补。

### 3. 探索差别化用能用地

（1）引导企业积极落实控制用能总量责任。深刻认识到做好节能和提高能效工作对推动高质量发展、助力实现碳达峰碳中和的重要意义，认真贯彻落实国家、省市决策部署，落实好企业节能主体责任，加强节能技术改造，加强节能目标考核管理，主动参与能量指标有偿使用和交易。结合行业整治，扩大长垣差别电价征收范围，对列入限制类和淘汰类及高能耗、高污染、低产出的行业和企业实施差别电价。对低投入高效益的企业保障用能，制定完善优先保障企业名录，在有序用电同时实施重点保障。建立动态考核机制，对超进度、能耗异常增高的企业，依法依规实行停限产措施和惩罚性电价措施。

（2）引导工业项目用地优先利用存量用地。统筹全市土地资源的利用和保护，大力推动节约集约和合理利用土地。对于新出让的工业地块，建立项目联审制度，严控供地准入。对新进的工业产业项目，在产业领域、投资规模、单位产出、资源占用、自主创新、公司背景等多方面组织多个政府相关部门进行联合预审，并严格遵照节约集约用地的要求，对符合规划、不改变用途的现有工业用地，鼓励通过厂房加层、老厂改造、内部整理等方式提高土地利用率和增加容积率，不再增收土地价款。灵活选择长期租赁、租让结合、先租后让和弹性出让等方式供应工业用地。

### （三）不断提升产业链现代化水平

#### 1. 以龙头企业引领全链优化升级

（1）提升产业链龙头企业发展能级。培养具有生产主导力的产业链"链主"企业，建立激励导向机制和联系帮扶制度，支持行业龙头企业做优做强。充分发挥卫华集团、驼人集团等龙头企业的引领集成作用，提高全球供应链协同和配置资源能力，打造具有全球竞争力的世界一流企业。引导产业链"链主"企业整合产业链上下游资源，加强企业间的协调与合作，形成协同发展的利益共同体。引导企业遵守公平竞争的市场秩序，共同建立价格联盟机制，避免低价低质恶性竞争。

（2）积极推动大中小企业融通发展。充分发挥卫华集团、驼人集团、河南矿山等大型龙头骨干企业的带头作用，加大对上下游中小企业的带动、组织和帮扶力度。推动龙头企业与中小企业共同建设创新中心，建立风险共担、利益共享的协同创新机制，对与其上下游业务联系紧密的中小企业进行技术指导和协同创新，以产业链为核心纽带，实现供应链体系、质量体系、标准体系、合作研发体系的共同管理，提升终端产品的质量和效益。构建基于互联网的共享制造平台，有效对接龙头骨干企业闲置资源和中小企业闲置产能，推动制造能力的集成整合和优化配置，打造园区企业整体竞争优势，在单一产业领域内部实现"舰队型"联动发展布局。

**2. 加快新技术的引进与融合应用**

（1）加快重点产业短板技术攻关。制订重点产业链补短板清单和技术路线图，实施关键环节重点企业培育和招引，构建自主可控的产业生态。创新突破减速器、高效电机、控制系统等起重装备产业短板装备与技术，以及高值耗材、诊断试剂、诊断监护设备、检验诊断设备等医疗器械及医用卫材产业短板设备与技术。针对短期内难以替代的环节，实施"供应链多元化"计划，协助企业分环节、分领域、分层级拟定供应商名单，推动重点关键环节实现国产替代，确保风险出现时产业链安全可控。

（2）推进关键核心技术产品产业化应用。围绕产业链部署创新链，以关键共性技术、前沿引领技术、颠覆性技术创新为突破口，引导企业加强研发攻关和应用推广，切实推进一批关键核心技术和产品研发攻关与产业化。在起重装备产业重点发展全数字化控制技术、高性能传感器技术、智能化自学习技术、多媒体物联网技术、吊运载荷防摇技术、全寿命免维护技术、人工智能驾驶技术、智能定位/避障技术和故障诊断监控技术、事故模拟仿真技术、安全可靠冗余技术、可视化图形化技术、自动导向定位技术等关键技术。在医疗耗材产业重点发展胶乳增强免疫比浊技术、酶循环技术、胶体金、化学发光技术；可吸收材料测试技术、可吸收可降解材料改性技术、渗液智能化管理技术、熔融纺丝技术等；微流控芯片技术、纳米生物技术、第三代单分子测序技术、单分子免疫阵列技术（SiMoA）、多重检测技术等关键技术，大力推进技术产品化、产业化。加速推动人工智能、大数据、云计算、5G、工业互联网等新技术在基础机械领域融合应用，加速工艺升级应用。

**3. 积极推进"长垣制造"品牌建设**

（1）大力培育"质量标杆企业"。深化品牌、标准化、知识产权战略，全面打响"长垣制造"，推进产业链发展现代化。"十三五"期间，成功培育全国质量标杆企业6家、河南省质量标杆企业16家、省长质量奖企业3家，国家工业品牌示范企业3家、省工业品牌培育示范企业11家、中国驰名商标10件、河南省著名商标95件，驰名商标、著名商标数量均居河南省县（市）第1位；企业参与制（修）订各类标准296项，成功获批国家技术标准创新基地（郑洛新）首批技术标准创新联盟，长垣制造高品质品牌形象逐步确立。

（2）积极建设产品质量追溯体系。推动质量革命，利用大数据和物联网识别技术，实现园区内企业产品的追溯，强化企业产品溯源和质量监控。通过给园区内企业产品加装国标物联码铭牌，提供基于二维码的动态标识，做到出厂"即标识"、出园"可追溯"，在降低企业管控产品流向、监控产品状态成本的同时，提升集聚区内产品品质。

（3）创新产品质量管理技术与方法。健全在重点产品领域全生命周期的质量管理、质量自我声明和质量追溯制度。开展质量标杆和领先企业示范活动，推广精益生产模式，推广质量诊断、质量持续改建等先进的生产管理模式和方法。组织开展重点行业工艺优化行动，提升关键工艺过程控制水平。开展质量管理小组等质量管理活动示范推广，加强对中小企业和创新型企业的质量安全培训、诊断和辅导。

# 三　围绕产业生态圈，建设高能级平台载体

## （一）优化现有产业平台建设

### 1. 建设专业化产业服务平台

（1）建设产业监督检验平台。坚持全域推进科技创

新、全链融合统筹发展、全面提升创新能级，主动融入河南省区域创新布局，全力打造郑洛新国家自主创新示范区转移转化基地、河南省创新发展高地和全国创新型县（市）。加快建设国家桥架类及轻小型起重机械质量监督检验中心、河南省起重设备配件产品质量监督检验中心、中国出口起重机质量技术促进委员会等起重机械产业服务平台；河南省医疗器械检验长垣中心、驼人研究院检测中心等医疗耗材产业相关产业平台；军民两用技术检验检测中心、防腐产业公共研发与检测实验平台等相关专业化监督检测平台，积极服务地方产业发展，有效提升了主导产业的质量和层次。

（2）加快建设商贸流通平台。加快建设起重装备、医疗器械等品牌流通平台，定期举办"中国·长垣国际起重装备博览交易会""中国（长垣）国际医疗器械博览会"等具有影响力的交易展会，发展从原料辅料到防护产品、生产设备、检测试剂全产业链全品类产品展会。积极组织企业参加中国国际进口博览会，提升长垣商贸流通平台开放合作水平。强化区域辐射带动流通，实现线上线下联动，为产业发展提供新品展示、产品交易、文化交流、商务会谈等服务。

（3）着力发展电商交易平台。建立医疗器械、汽车零部件、农产品等专业电商交易载体，提升展示交易、合约交易、商品集散、价格形成等功能，打造服务中原城市群的区域性专业产品交易中心。引导"老字号"等传统优势商业企业搭建微博微信新媒体、微电商、网络团购等电商平台，着力发展 B2B 电商服务。利用中原区域中欧班列郑州物流集散中心的优势，加大对外开放合作，通过与阿里巴巴国际站合作，面向"一带一路"沿线国家，积极开展跨境电商业务。搭建第三方电子商务服务平台，提供大数据处理等支撑服务。

**2. 强化创新研发机构建设**

（1）加快省级以上研发平台建设。强化引领前沿的技术源头供给能力，加快布局高效能研发平台，建立健全政府引导、企业主体、市场导向、产学研深度融合的科技创新体系。提升科技企业孵化器和众创空间专业化水平，形成"创新研发＋创业孵化＋产业集聚"联动机制，推动高新技术企业数量稳步增长。截至目前，长垣市建成国家认可实验室、国家企业技术中心等各类省级以上研发平台 146 个（其中，国家级 16 个、省级 130 个），大中型工业企业省级以上研发平台全覆盖率达到了 93.3% 以上。

（2）建立稳定的校企合作关系。积极与中科院、华中科技大学、北京化工大学、武汉理工大学、郑州大学、青岛科技大学、吉林大学、西北橡胶研究院等高校（院所）进行合作，推动长垣市高新技术企业与高校（院所）建立稳定的合作关系。积极共建实验室和软件设计平台，构建

"横纵联合"立体研发体系，开展新技术新产品攻关，同步研发、匹配设计，实现研发、检测资源共享。

（3）构建产学研用创新联盟。围绕起重装备、医疗器械、防腐材料等行业发展，实施创新型研发机构高质量发展计划，充分发挥河南物流装备创新中心、河南省高性能医疗器械创新中心、国家高性能医疗器械创新中心驼人分中心的创新引领作用，鼓励企业建设产业技术研发和转化平台。由龙头企业牵头组建，整合上下游骨干企业、高校和科研院所、投资机构积极参与，以协同创新和制造为纽带，开展关键共性技术研发，拓展综合解决方案业务，探索构建"科研＋产业＋资本"产学研用创新模式，由牵头企业具体负责中心运营，会员费、合同研究等收入归企业所有，知识产权为项目委托主体所有，形成优势互补、联合开发、利益共享、风险共担的技术创新模式。

### 3. 加快科技企业梯队培育

（1）打造梯次递进、结构合理的高新企业集群。壮大一批龙头骨干企业，支持卫华集团、驼人集团等龙头骨干企业整合国内外创新资源，以技术改造、兼并重组和模式创新等方式，强化自主创新能力，持续开发附加值高、带动作用大的新产品，培育一批"明星"品牌和"明星"产品。发挥创新创业平台和领军企业的品牌效应和带动效应，利用"智能＋""互联网＋""众创＋"，鼓励高新企业专注创新和产品质量提升。在资金扶持、创新奖励、项目补助、融资服务、资源配置、公共服务等多个领域对高新企业倾斜，完善梯次培育、动态管理的企业培育库。截至2020年，长垣市产业集聚区共拥有国家认定企业技术中心2家，高新技术企业55家、省工程技术研究中心55家、国家科技型中小企业76家，省创新龙头示范企业3家、科技"小巨人"企业7家、科技小巨人培育企业17家。

（2）实施企业"小升高"工程和"头雁"企业培育行动。实施高新技术企业梯次培育攻坚行动，强化企业创新主体地位。结合企业分类评价，实行差别化资源要素配置，引导企业对标改造、提档升级。鼓励中小企业朝"专业化、精细化、特色化、新颖化"方向发展。截至目前，卫华集团、河南矿山排名稳居国内同行业前两位，驼人集团成为国内麻醉耗材第一品牌，新科起重等5家企业被评为国家"专精特新"小巨人企业，瑞歌传动、卓越电缆等12家企业入选省"专精特新"优质中小企业培育库，初步形成了龙头企业牵引全链优化、"链主企业"带动全产业链受益、"隐形冠军"企业打造单链特色的网状发展格局。

## （二）构建对外开放的平台载体

### 1. 积极发展外贸相关产业

（1）积极创建省自贸试验区联动发展区。长垣市紧紧抓住省自贸试验区的快速发展机遇，积极争取将产业集聚区创建成为省自贸试验区第一批联动发展区。加快保税仓库建设进程，推进出口起重机技术贸易措施通报评议基地申建，全面提升对外贸易服务能力。截至目前，成功创建中国出口起重机械质量安全示范区，组建中国出口起重机质量技术促进委员会，建设保税仓库、出口起重机技术贸易措施通报评议基地，不断提升开放服务能力，区内企业海外分支机构、合作营销网点已达100余个，卫华集团已与66个国家签订检测互认协议，产品出口范围覆盖130个国家和地区，直（间）接出口额大幅跃升。

（2）加快国家医疗防护用品出口基地建设。探索在"一带一路"沿线国家或地区推动共建跨境经济合作区、境外经贸合作区等平台载体，建立特色优势产业主导的出口加工和总部经济基地，积极开展对外交流合作，打造与国际合作的示范区。近5年，累计利用境外资金8.2亿美元，年均增速达19.8%，排名居河南省10个直管县（市）产业集聚区前列。大力推动口罩、防护服等医疗器械产品出口，支持驼人集团、卫华集团、河南矿山、远洋科技等优势企业在境外建设营销网络、生产基地、区域总部和"海外仓"，鼓励企业通过投资并购等方式整合资源，增强国际化经营能力。培育发展一批外贸经营主体和外贸综合服务企业，加强出口商品营销、支付结算、仓储物流和售后服务网络建设，为中小企业开拓国际市场提供全方位服务。

**2. 探索发展"双向飞地"模式**

开展对外合作和布局，创新发展"飞地"模式。依托医疗器械、起重装备、建筑防腐等优势行业，对接重要节点城市产业发展需求，探索发展"飞入地"与"飞出地"模式，积极融入郑州都市圈，与郑州共建产业合作示范区。利用"飞地"模式，在深圳、上海、北京等发达地区建立外联合作中心，为本地企业在创新研发、产学研合作、产品推介等方面搭建桥梁。通过战略投资、并购、合作开发等方式，联合高校院所开展新技术新产品攻关，丰富产品线，延伸产业链。

**3. 不断提升大型会展影响力**

打造全国知名的展示展销平台。支持国际会展组织机构、世界著名大型会展企业等在长垣设立办事机构、区域总部。加快建设长垣国际会展中心，大力发展医疗器械、建筑防腐、起重装备等行业展览，积极组织企业参加中国国际进口博览会、中国（上海）国际重型机械装备展览会等大型会展。积极承办国际高端制造类博览会，重点提升"中国·长垣国际起重装备博览交易会""中国（长垣）国际医疗器械博览会"等品牌效应。定期举办"厨师大会"等烹饪技能竞赛，打造行业一流、全国知名的展示展销、沟通交流平台。

## （三）提升平台载体发展能级

### 1. 推动产业园区服务升级

（1）推动支持专业园区特色化发展。积极建设健康产业园，完善医疗器械、生物医药保健品、康复理疗、创新研发和配套服务等四大片区建设，重点发展高科技含量的医疗器械、高附加值的医用耗材、民用卫材及保健品、生物医药。积极建设防腐蚀及建筑新材料产业园，加快建设总部经济、新型建材、绿色防腐生产三大板块，统筹推动河南省水性涂料质检中心、防腐蚀研发中心、防腐蚀与防护设备检测中心、中国防腐博物馆等重大项目建设，谋划建设全国第一所防腐蚀职业技术学院。积极建设装备制造专业园，以智能起重物流装备产品为核心，以研发、生产、管理、服务全流程智能化为方向，整合产业链上下游企业与资源，打造绿色化、智能化、定制化、网络化的起重物流装备生产核心基地。积极建设再制造产业园，以起重配件、锻造、铸造和再循环经济为主导方向，加强企业升级改造，推进再制造产业园西区开发建设，重点发展下游锻造产品。强化用电、土地等要素保障，加快完善园区基础配套设施。积极建设医用防护用品产业园，依托满村、丁栾、张三寨卫材产业发展基础，完善交通基础设施，推动医用防护用品产业升级、质量提升，打造国家医用防护用品生产基地。积极建设循环经济产业园，适度扩大园区规模，实施"回归经济"工程，推动卫安实业等重大项目尽快建成投产，力争亚都集团等龙头项目落地，提升基础配套设施和服务功能，建成具有长垣特色的循环经济示范园区。积极建设蒲西产业新城，融入城市双修和智慧城市建设理念，重点发展智能制造、科技研发、企业孵化、会议会展、总部办公、现代物流等，完善城市功能，建设成为以高端智能制造产业为主、多元产业融合发展的创新城市新区。

（2）推进服务业"两区"转型创新发展。以长垣市商务中心区和服务业专业园区等"两区"为主体，推进服务业集聚区功能优化、服务升级，打造星级园区。聚焦高端服务业和生产性服务业，推进市商务中心区功能集成、要素集聚、品牌提升，打造服务产业和城市的高品质功能区。吸引集聚现代物流、现代商贸、科技服务等服务业，打造一批支撑区域主导产业发展的融合创新载体，推动服务业专业园区特色发展。

（3）加速优化乡镇创业园建设。依托中心镇区、现代农业产业园、农产品加工园、电商园、物流园、休闲旅游园等载体，高质量建设乡镇创业园。支持和引导社会资本参与乡镇创业园建设，优化创业创新环境，增强主体带动、要素支撑和平台服务能力，打造功能全、服务优、覆盖面广、承载力强、孵化率高的乡镇创业园。创新"飞地经济"模式，在城区研究设立服务滩区乡镇发展的产业园，打造滩区乡镇产业发展的重要载体。

**2. 提升各类平台联动水平**

（1）借力平台强化项目对接和精准招商。借力中国河南国际投资贸易洽谈会等平台，加强与各类商会协会的沟通联系，对接一批大企业，签约一批好项目。分析与集聚区重点产业契合度高的行业龙头企业、上市公司的发展方向、未来布局重点，增强招商引资的针对性和实效性，在引进项目的质量和规模上不断突破。在巩固现有产业优势的基础上，针对产业链高端、紧缺环节，固长板补短板，对接珠三角、长三角等医疗器械产业发达地区，开展产业链精准招商，注重"外引"与"内育"结合、"招商"与"安商"结合、"引资"与"引智"结合，为精准招商提供支撑。

（2）编制完善各产业板块和园区产业招商地图。建立健全项目"信息管理—落地服务—建设达产"全生命周期管理服务机制，强化金融资源配置前移，优化项目代办帮办服务，积极谋划构建项目库数据平台，推进省重大项目、市重点项目建设。加快编制产业地图、产业链精准招商导航图，高质量整合招商资源，按照"一园区一主题"发展思路，编制和完善各产业板块和园区产业招商地图，以"一个重点产业配置一个产业子基金"加快形成多层次产业基金格局。高质量打造专业化招商队伍，健全考核督查机制，激发一线人员积极性。

# 四 加大体制机制创新，积极培育战略性新兴产业

## （一）积极培育成长型新兴产业

### 1. 壮大汽车及零部件产业集群

（1）积极引进汽车零部件相关企业。引导瑞歌传动、恒发科技、优普密封科技等零部件企业增品种、提品质、创品牌，推进主机与关键零部件开发全过程对接，在汽车减速箱、变速箱、橡塑制品等细分领域培育一批单项冠军企业。支持减震器、变速箱等产业基础较好的零部件企业加快智能化改造，紧扣关键工序智能化、关键岗位机器人替代、生产过程智能优化控制、智能化管理、智能化服务等试点示范。

（2）加快培育汽车橡塑制品龙头企业。以恒发科技、优普密封科技等企业为依托，推动汽车橡塑制品朝大批量、专业化、组件化和模块化方向发展。力争在大部件总成生产、整车厂商一级供应链配套上实现突破。依托恒发科技等企业，联合青岛科技大学、吉林大学、西北橡胶研究院等科研院校共建实验室和软件设计平台，开展汽车橡塑制品新技术新产品攻关；纵向联合汽车制造商建立战略合作关系，开展同步研发、匹配设计，实现研发、检测资源共享。

（3）鼓励新能源汽车相关零部件产业发展。顺应汽车产业电动化、网联化、智能化、共享化发展趋势，巩固提升高精齿轮、变速箱、减震器、密封、内外饰、电器线束、进气软管总成系列、橡塑制品等汽车零部件制造优势，加快产业链延伸，鼓励朝新能源汽车零部件方向发展，推动行业"由零件到部件、由部件到总成"迭代接续发展。

（4）积极开展批量定制与网络定制服务。依托武汉理工大学长垣专用汽车研究所等高校研究院所，鼓励企业探索发展云设计、协同设计等新型模式，支持汽车零部件制造企业积极开展批量定制和网络化定制服务，加快零件标准化、部件模块化和产品个性化重组，推进生产制造关键环节组织调整和智能化改造，形成满足消费者个性化需求的"设计＋制造＋服务"新模式。

**2. 积极培育新材料相关产业**

（1）加快培育与机械制造有关的金属粉末等新材料产业发展。围绕提升本地产业需求，发展广泛应用于太阳能晶硅电池铝浆、高档金属颜料、导热材料、粉末冶金、铝热法金属还原、化工催化及金属3D打印等领域的微细球形铝粉、高纯球形铝粉、空气雾化铝粉及铝基合金粉等高性能金属粉末，适时向铝基钛合金、铝基镍合金、铝基钴合金粉末等领域拓展。

（2）积极推动与医疗耗材相关的高分子材料产业发展。加快布局熔喷布、SMS无纺布、水刺布等医用卫生新材料产业。依托驼人集团国家生物医用材料生产应用示范平台、河南省医用高分子材料技术与应用重点实验室等一批医用高分子材料研发平台,发展医用高分子材料改性,提升产品技术含量和临床安全性。

(3)探索拓展其他生物医用材料领域。围绕人口老龄化带来的疾病诊断、各种疾病治疗和创伤修复的需求,发展不锈钢、钴基合金、钛及钛合金等医用金属材料,主要用于骨和牙齿、承重关节等硬组织的修复和替换以及药物释放载体的医用陶瓷,重点发展齿科、骨科、心脑血管等领域的高端功能植/介入医用材料。围绕本地产业改造升级需求,发展可吸收材料测试技术、可吸收可降解材料改性技术、渗液智能化管理技术、熔融纺丝技术等;发展医用缝合线、医用敷料、防粘连材料、止血材料等领域用生物医用材料。

(4)不断提升与防腐产业相关的新材料发展水平。加快开发节能减排涂装新工艺、新技术,重点发展高固体分、无溶剂以及水性防腐涂料、环境友好型长效防污涂料,朝绿色、环保方向发展,满足国家日益严格的环保政策要求;以功能多样化为导向,发展太阳能屏蔽防腐蚀涂料、阻尼防腐蚀涂料、耐候防腐蚀聚氨酯涂料、可剥性防腐蚀涂料、阻燃导静电耐温防腐蚀涂料等。

**3. 推动军民融合产业发展**

(1)推动新材料、零部件、特种车辆及配套朝军民融合方向发展。新材料方面，开展军工、航空航天领域用金属粉末及耐高温、耐腐蚀、耐辐射、轻量化材料的开发生产，结合本地产业基础，向医疗器械、防腐蚀等领域延伸。开展合金材料深加工，生产符合军工质量标准的特种金属材料，服务装备制造业。零部件制造方面，通过引入军工技术和生产标准，加大研发力度，发展航空航天、航海及交通等军工领域用高质量、高水平的合金零部件，满足国防建设的需要。特种车辆及配套方面，依托起重装备制造产业优势，重点发展与军民融合相关的特种车辆，如军用特种车、高空作业车、军用装卸车、改装车。利用军工技术积累，适时向新能源车辆及关键零部件领域发展。

（2）加快与军民融合相关的"三中心一平台"建设。"三中心"是指军民融合协同创新中心、资源共建机械加工中心、军民两用技术检验检测中心。以科技成果转化为核心驱动力，开展核心技术攻关和产品研发，围绕新材料、零部件制造、车辆制造及配套、工业机器人、增材制造（3D打印）等领域，形成技术带动产业、产业驱动技术、队伍实施目标、项目促进系统的产、学、研多位一体园区模式的军民融合协同创新中心。围绕现有订单需求，采取政府引导、本地企业配套、设备厂家合作等多种模式，通过设置产业基金，引导社会资本参与，重点布局大型卧式车床、数控机床、五轴加工中心、立式加工中心等，迅速形成系统化的综合加工能力。结合重点产业项目和重点科技项目的需求，实施综合建站，以完善检测手段和优化检测技术为重点，力争实现为区域性军工产品提供专业、高效、权威、公正的一站式检验检测服务。"一平台"是指军民融合综合服务平台。通过线上线下多渠道，为园区以及全市企业提供军民融合方面的协同创新科技、政策、金融等服务，如帮助意向参军企业进行相关政策梳理、军工证件办理等。

**4. 培育中部地区职业装基地**

（1）积极吸引品牌职业装大企业落户。大力实施"三品"战略，引导滩区迁建释放的优质产业资源对接知名大企业，高水平承接国内外产业转移，对接外部研发设计资源，发展时尚服装和创意设计，提升服装内涵和品位价值。加快职业装产业新旧动能转换，积极培育科技、绿色、时尚的职业装产业竞争新优势，打造职业装生产加工、研发设计和采购贸易新高地。加快推进长垣职业装小镇建设，培育壮大服装产业，助力长垣市聚集职业装相关优质资源、发展职业装产业、打造经济发展第五极。

（2）发展工业化量身定制和高端定制产业。壮大发展一批服装产业链龙头企业，凝聚服装设计、面料研发、品牌营销等关联企业，建设特色服装产业集群。加快应用人体数码扫描技术和裁剪缝纫自动组合技术，大力发展工业化量身定制和高端定制，打造特色自主品牌。加强营销创新和供应链管理，探索网上销售等电子商务模式，提高市场消费快速应变能力。大力开展企业形象和品牌标识的策划与宣传，夯实职业装品牌基础。

### （二）加快完善产业相关配套

**1. 积极培育相关生产性服务业**

（1）积极发展产业配套的现代物流业。以主导产业与物流业联动发展为方向，针对起重装备和医疗器械产业不同的运输特性，把控物流储运环节质量，建设高标准智慧物流配送网络体系，发展第三方物流、冷链物流，结合智慧供应链体系，提升产品在储运过程中的控制、检测、记录和产品追溯等方面的水平，为用户提供集采购、交易、智慧仓储、智慧配送、跟踪、管理和结算于一体的全流程一站式服务。按照国家应急物资战略储备库建设标准，提高医用防护用品储备能力，优化储备规模和结构，建设国家医用防护用品储存基地。建设医用防护用品专业物流园区和仓储基地，积极对接国家物流枢纽，提升物流衔接和一体化服务水平。

（2）推广系统集成和总承包服务。以物联网技术＋装备制造为基础，鼓励企业开展面向用户覆盖产品全生命周期的服务。支持有条件的大型企业集团开展系统集成和总承包服务，开展"项目工程设计＋工程施工＋设备选型＋设备制造＋安装维护＋使用服务"一体化集成服务，由单一提供设备向提供系统集成总承包服务转变，由提供单一产品向提供整体解决方案转变，由一次性销售设备向"产品＋服务"消费模式转变。推动企业向整体解决方案商转变。聚焦柔性生产线、智能仓储中心等重点领域，发展集厂房设计、生产流程设计、模块设计、整机制造等于一体的定制化解决方案，实现"交钥匙"工程；深耕港口智能物流装备，向"智慧港口"整体解决方案服务商进军。

（3）提供完善的远程运维服务。着力推动起重装备、医疗器械等装备制造企业与工业设计、仿真计算、检测试验第三方生产性服务深度融合，开展远程运维服务，不断提升产品服务价值。支持企业对产品进行智能化改造，构建远程监控云平台，实时在线监测设备运行状态，智能化预警并诊断设备故障，及时主动提供现场设备保养及维修维护服务。

（4）引入科技服务相关企业。加强培育科技服务市场主体，积极开展研发与设计、科技成果转化、检验检测认证、知识产权与法律等科技服务，构建服务机构健全、产业链条完整、组织形式新颖、投入渠道多元、区域特色突出的科技服务体系。大力发展高端化、专业化服务，着力引入软件与信息服务、现代物流、商务、会展等对重点产业具有支撑作用的服务业。

（5）探索发展融资租赁服务。重点支持起重装备龙头企业推进企业研究院、售后和运维等服务部门的独立运作，支持医疗器械行业检测机构专业化运作，为行业提供专业化服务支持，引导起重装备企业通过设立金融租赁公司、融资租赁公司、租赁产业基金等方式，逐步发展大型设备、公用设施、生产线等领域的设备租赁和融资租赁服务。

**2. 不断提升产城融合发展水平**

（1）加快建设产城融合先行示范区。在布局工业体系的基础上，辅以商务体系、商业体系和生活配套体系三大生态体系，差异化布局一批人才公寓、公租房、商业、物流、文化、会展、教育、医疗等生活服务配套设施。优化主城区与集聚区功能布局，逐步实现 5G 网络服务全覆盖，建立多种类型的 5G 应用场景，全面实现集聚区与城区之间路网、供水、供气、公交、污水处理、环卫、绿化、亮化、公共服务"九个一体化"的无缝对接，构建系统完备、高效实用、智能绿色、安全可靠的现代化基础设施体系。按照以产促城、以城兴产、以城聚人、产城联动的发展理念，培育行业领军型企业，构建集产业链、创新链、人才链、服务链、资金链于一体的产业生态体系，将园区建设成为河南省产城融合先行示范区。

（2）探索推行"工业邻里中心"模式。鼓励由产业集聚区管理机构组织分片集中配置行政办公、商务展示、生活服务、停车场等配套设施，由集聚区统一建设并向工业企业租赁，专房专用，减少各家企业重复建设带来的资源浪费。围绕企业人才生活、资源配置、强化服务等问题，真正做到从入驻人才实际需求出发，提供"一站式、全方位、多层次"服务，打通服务企业"最后一公里"。

### 3. 加快营造良好的营商环境

（1）持续优化产业审批流程。推进审批由"串联"向"并联"转变，将施工许可证与项目备案（核准）等同步办理，强化"区域评价""容缺办理""多规合一""多评合一""多图联审"等机制创新，全面提升服务效能。开办企业综合服务窗口，实行"一口受理""6＋X"，即通过"一口受理、内部流转、信息共享、同步审批、统一发证"的办理流程，对企业开办需办理的"照、章、银、税、金、保"6个必办事项及"X"个涉及后续准营许可、备案事项实行"一口受理"，"一口受理"发证窗口可一次性领取相关证章。

（2）构建新型市场监管机制。全面推行以"双随机、一公开"为基本手段，以重点监管为补充，以信用监管为基础，以智慧监管为支撑的新型监管机制。加快把信用体系建设嵌入"互联网＋监管"改革全过程，打造覆盖企业、个人、政府、事业单位、社会组织的信用一张网，推动事前、事中、事后的信用全生命周期管理。探索与新业态、新模式相适应的包容审慎监管方式。以"信用承诺＋事后监管"模式加快取消不必要的证明，争取在河南省率先打造"无证明城市"。大力推进信用分类监管，对信用高、风险低的市场主体降低抽查比例、减少抽查频次。

（3）优化市场信用体系建设。建设新时代高质量社会信用体系，创建"省级信用体系建设示范县（市）"。推进政务诚信监测治理，建立健全诚信履约机制和失信责任追究制度。完善提升公共信用信息平台和信用长垣网站功能，全力推动信用信息归集共享，建成上通下达、共享开放的信用信息库。大力拓展守信联合激励和失信联合惩戒应用场景，建立以个人信用为基础、政府信用为先导、企业信用为重点的社会信用管理制度体系。完善信用承诺制度，全面建立市场主体信用记录，开展市场主体公共信用综合评价和分类监管。以信易批、信易贷为重点大力推进"信易＋"工程。

### （三）深化产业体制机制改革

#### 1. 优化产业园区管理运营机制

（1）推进园区"管委会＋公司"改革。以"大部门、扁平化、提效能"为原则，搭建精简高效的组织构架，在规定的管委会内设机构限额内，突出特色，围绕产业发展实际需要设机构岗位，充分履行管理职能。实行岗位管理、绩效考核，建立绩效薪酬制度，根据产业发展进程制定产业任务路线图，把任务目标、完成进度、完成时限落实细化到具体责任人。定期对各产业重点工作推进情况进行考核，充分发挥考核评价机制的激励约束作用，并且将考核结果纳入年度考核机制中。建立公平、公正、公开的奖惩机制，激发干事创业内生动力和活力。

（2）加快推进全要素市场化配置。推进土地、资本、技术、劳动力和数据等诸多要素的市场化配置，探索混合产业用地供给、特殊工时管理、创业投资企业市场准入、知识产权和科技成果产权市场化定价及交易、公共数据开放和数据资源有效流动等体制机制，形成市场化、法治化、国际化的营商环境，促进要素的自主有序流动，提高要素配置效率，激发市场活力，吸引各类生产要素向集聚区流动。

**2. 积极探索"产融合作"新模式**

（1）强化金融业对制造业的支撑作用。探索"产融合作"新模式新路径。抓住新乡入选第二批国家产融合作试点城市的契机，积极实施金融支持先进制造业创新发展行动计划、"登顶太行"企业上市 5 年行动计划、"招商引金"行动计划等一系列政策，贯彻落实金融支持实体经济政策措施，健全产融合作工作协调及企业资金应急保障机制。运用资本运作手段，改善直接融资结构偏低问题。主动对接国家各类发展基金，利用新乡市产业发展"两个千亿元级资金池"，以产业基金全力服务招商引资、项目建设，支持集聚区产业发展。以"产业模式创新 + 金融服务创新"模式，推动集聚区产融深度融合。投资集团市场化改革富有成效，资产规模达到 150 亿元。成功入选 2020 年度全国金融服务综合改革试点。

（2）成立专项产业基金引领产业发展。设立起重机械、医疗器械等专项产业基金，充分发挥产业基金的撬动作用,吸引优势项目落户产业集聚区。引入社会资本成立并购基金,积极引进私募公司、创业投资机构、投行、担保、事务所等机构,组建专业化的投资团队,利用基金投融资功能,收购、控股或参股国内外符合产业发展战略的项目,加快医疗器械产业链布局。

### 3. 创新资源能源要素支撑保障

(1)创新土地供应与利用方式。推行新增建设用地计划分配与存量建设用地盘活相挂钩制度,撬动存量工业用地。开展工业用地弹性出让试点,推进弹性年期出让、长期租赁、先租后让、租让结合等多种供地方式。充分运用市场机制盘活存量土地和低效用地,研究完善促进盘活存量建设用地的税费制度,以多种方式推进园区企业存量用地盘活利用。

(2)不断完善产业用能保障机制。加强清洁能源建设,不断完善供气环网建设,实现天然气管网全覆盖。基本建成了保障有力、运行有序、价格平稳、安全高效的天然气利用体系,形成多气源少层级、统筹规划建设、统筹运行调度、统筹改革推进的天然气发展新格局。做好煤电油气的科学调度,错峰生产,加强协调配合,形成保供合力,确保重点产业、重点企业、重大项目的能源供给。探索用能指标交易机制,实施新增用能有偿申购制度,以核定的用能权指标配额为依据,实行核定配额使用、超限额差别收费、新增量有偿申购。

## （四）大力加强政府的支持力度

### 1. 增加财政支持力度

（1）设立产业专项资金。建立和完善政府引导、企业为主、社会参与的多元化产业发展投融资机制，利用现有产业专项资金或设立新的产业专项资金，采用直接资助、股权投资、贷款贴息相结合的方式支持重点产业项目在长垣加快落地。充分发挥市场配置资源的决定性作用和财政资金的杠杆作用，运用多元化扶持方式，鼓励民间资本设立重大专项产业投资基金，积极引导社会资金加大项目投入。设立基础研究专项资金，加大财政投入力度，建立市级财政科技专项资金的持续投入机制，持续投向基础研究和应用基础研究，增强长垣市原始创新供给能力。

（2）积极实施税收减免。加强政策宣介，用好现行有关税收优惠政策支持产业创新发展。增值税一般纳税人购进或者自制机器设备发生的增值税进项税额可按规定从销项税额中抵扣。《企业所得税法》规定的固定资产加速折旧，购置用于环境保护、节能节水、安全生产等专用设备的投资额可按一定比例实行税额抵免，研发费用加计扣除，技术转让减免企业所得税，被认定为高新技术企业享受的企业所得税优惠。对从事国家鼓励发展的项目所需、国内不能生产的先进设备，在规定范围内免征进口关税。对国内企业为生产国家支持发展的重大技术装备而确有必要进口的关键零部件及原材料，实行进口税收优惠。贯彻执行国家关于集成电路企业所得税政策、集成电路重大技术装备和产品关键零部件及原材料进口免税政策。

（3）加大直接资助力度。充分发挥长垣市级财政专项资金作用，通过直接资助、奖励、风险补偿等多元化扶持方式支持产业发展。在重大项目投资、新产品研发、高端设备购置、高新技术企业申请、重大创新载体建设等方面可给予财政上的直接支持。

**2. 积极发展现代金融**

（1）不断健全现代金融体系。加强金融战略布局，优化营商环境，吸引国内外高端金融资源持续注入长垣，完善长垣产业金融体系。促进银行、证券、保险等金融机构协同发展，鼓励民营银行、直销银行等小微金融机构创新发展。加快贷款投放速度，优化贷款投放结构，促进银行贷款向科技服务业和信息技术服务业、民营企业、小微企业倾斜，综合运用流动贷款、项目贷款、并购贷款等，拓宽企业融资渠道，精准提供金融服务。鼓励发展财务公司、金融租赁公司、消费金融公司等新型金融机构，吸引 PE、VC 等创投企业不断聚集长垣。大力发展产业投资基金，加快金融产品和服务方式创新，服务重点领域和产业集群，建立区域性产业金融服务机构、园区产业金融服务中心等，为区域性产业集群协同发展提供专业化、定制化金融服务。加快设立发展天使投资、种子基金和科技孵化基金，为战略性新兴产业创新发展提供金融支撑。加强银行与证券、保险、租赁合作，推动形成完整的新兴产业融资支持链，为新兴产业提供银行贷款、股权投资、辅助上市等全方位的金融服务。鼓励信用评级、会计师事务所、律师事务所等金融中介机构来长垣增设分支机构。

（2）加强产业融资担保。深化长垣市融资担保机构与河南融资担保机构之间的业务合作，充分利用省级融资担保机构、地市级融资担保机构的业务协同，丰富长垣市创新型中小企业融资的信用架构，增强长垣市融资体系的担保能力和抵御风险能力，依靠融资担保体系的作用引导更多金融资源更好地服务小微企业。加大政府性融资担保机构对支持创新型中小企业的正向激励，利用奖补支持、担保费补贴等手段鼓励融资担保机构扩张业务。结合利用相关中央奖补资金、财政专项资金等，建立长垣市融资担保代偿补偿资金池，由专业担保机构代为管理，与融资担保机构、贷款银行等共同合作，为金融机构加大对中小微企业贷款支持力度提供风险分担。

（3）发展知识产权质押融资。鼓励企业或个人将合法拥有的专利权、商标权、著作权中的财产权经评估后作为质押物，向银行申请融资，推动建立长垣市知识产权质押融资政策体系，出台符合长垣市实际的知识产权质押融资"政策包"，推进知识产权质押登记便利化改革。加强知识产权服务平台建设和机构培育，完善科技要素交易中心、商标交易中心等交易服务平台。培育引进一批专业度高的担保、保险和评估机构，推动知识产权投融资、知识产权交易许可、专利保险等新业态发展。

（4）持续推动金融创新。鼓励发展供应链金融创新，进一步改善小微企业、民营企业金融服务。结合长垣中小企业众多的特征，鼓励银行业金融机构在充分保障客户信息安全的前提下，加强与供应链核心企业的合作，将金融服务向上游供应前端和下游消费终端延伸，提供覆盖全产业链的金融服务。应根据产业链特点和各交易环节融资需求，量身定制供应链综合金融服务方案。推动核心企业为上下游链条企业增信或向银行提供有效信息，依托核心企业信用和真实交易数据，实现全产业链协同健康发展。搭建中小企业供应链金融服务平台，根据不同行业、不同类型客户，汇聚货币信贷、金融监管、财税优惠、融资担保、风险分担、公共服务等各方资源，设计个性化、专业化的供应链金融解决方案，为上下游企业提供无须抵押担保的订单融资、应收应付账款融资等新产品。

（5）不断完善金融科技服务。建设综合金融服务大数据平台。多方采集长垣企业的基本信息和社保、税收、海关、法院等数据信息，实现与银行信息系统的对接，打通金融机构和企业之间的信息鸿沟，为金融机构对企业进行信用评价、融资风险控制提供数据支撑。鼓励金融机构借助互联网与大数据技术，将应收账款、代发工资、纳税、结算流水等数据作为授信依据，以专利权、商标权、排污权以及应收账款等为质押物，建立全新的信用架构，创新信贷模式。加强金融监管科技创新，利用大数据、人工智能、区块链等技术实现智能监管，鼓励金融科技创新应用。

### 3. 提升人力资源质量

（1）进一步加强高端产业人才引进。系统谋划高端人才引进策略，聚焦科技攻关和产业发展需求，面向全国加速汇聚一批国际顶尖水平的科学家和科技领军人才，完善长垣市人才行动计划，加大两院院士、行业顶尖科学家、工程技术专家的引进力度。围绕长垣市装备制造、医疗器械、新材料、汽车等产业的需要，编制高层次紧缺人才开发目录，定期向海内外发布需求信息，引导供需对接。鼓励国内外高层次人才来长垣从事兼职、科研、咨询、讲学等活动，开展技术合作、技术入股、投资办企业或从事其他专业工作。依托一批重大科技项目面向国内外公开招标，依托项目引进高新技术产业顶尖级人才。鼓励和支持人力资源服务机构引进产业高端化发展急需的高层次人才。

（2）建设国际化高端人才发展环境。建设国际化的人才社区，提升环境、交通、公共服务等品质，为高端人才提供创新创业生态系统、人才保障体系、生活居住等方面的"类海外"发展环境，使得人才不仅能够被吸引来长垣，而且能留得住、住得好，安心在长垣创业发展。

（3）依托产教融合有效培养实用型人才。围绕重大产业专项领域，鼓励本地院校加快培养一批创新型、复合型和高技能人才。加快教学、科研、产业深度融合的创新型大学建设，加快引进国内外著名高校来长垣合作，依托境内外著名高校、科研机构和企业，加强智能制造、新材料、大数据、物联网、人工智能等战略性新兴产业和未来产业相关的学科建设，加大"新工科"专业人才培养力度，鼓励企业与国内外知名高校、科研机构合作开展"订单式"人才培养计划。加快构建产教融合的高水平职业教育体系，推进职业院校与企业、行业、园区等合作培养人才，构建规范化的技术课程、实习实训和技能评价标准体系，建设一批产学研用结合的产教融合实训基地，大规模培养一批实干型和应用型先进制造人才。推广现代学徒制，探索校企共建产教融合科技园区、众创空间、中试基地，制定新兴产业、新职业、急需紧缺职业等从业人员职业培训补贴政策。

**4. 加强组织实施保障**

（1）顶层设计，机制协调。完善长垣市制造业高质量发展、现代服务业和先进制造业深度融合、国家级绿色园区创新提升等一系列战略的顶层设计，做好规划布局、具体行动方案，因地制宜制定各类优惠政策，探索地方财政的有效支持方式，推动工程实施。研究编制重大项目库，组建专家咨询团队，完善调研机制、反馈机制和跟踪机制，发挥行业协会的宣传组织和沟通桥梁作用。

（2）招商引资，项目带动。设置专门的政府招商机构，通过体制机制创新，突破传统招商引资模式的短板和制约。充分利用举办大型论坛、参与国际展会、会见重要外商等方式开展招商互动。围绕垂直产业链，以解决企业痛点和潜在需求为核心，通过搭建相互吸引的产业要素，进行产业链招商。对接行业主管部门、龙头企业、产业园开发机构、投资机构等开展招商活动，聚合优势资源，吸引高质量产业项目落地。

（3）土地保障，基建先行。加强土地要素保障，优化产业用地供应机制，鼓励采用弹性土地出让方式，推广先租后让、租让结合的供地方式，对工业用地出让进行全生命周期管理，通过更新土地用途、查处违规用地、清退未开发土地等方式盘活低效土地，优先支持重点产业项目发展。对创新型产业用地、厂房实施租金优惠政策。简化用地审批流程，鼓励利用存量工业房地产发展生产性服务业，鼓励和引导旧厂房改造引进科技创新企业和项目。推进5G的建设和商用，推动 IPV6 的规模部署，提升长垣骨干网络容量和网间互联互通能力。推进实施"互联网＋"基础设施建设，建设智慧城市、智能园区。

# 五　全面打响"长垣制造"品牌，构筑起重卫材防腐烹饪产业高地

长垣通过不断完善产业生态圈构建、研发产业发展新

技术新工艺、开发高附加值功能性新产品、拓展制造业应用新领域、推进三产"跨界融合"等方式，不断壮大起重机械、医疗耗材、建筑防腐、美食烹饪四大主导产业，从昔日黄泛滩区，发展成为今朝的产业高地。被称为"起重之乡""卫材之乡""防腐之乡""厨师之乡"的长垣现已建设成为国家重要的医疗器械和特种装备制造基地、全国重要的建筑防腐和烹饪产业总部基地，并加快培育以技术、品牌、质量、服务为核心的竞争新优势，大力培育"质量标杆企业"，深化品牌、标准化、知识产权战略，全面打响"长垣制造"品牌。

**1. 四轮驱动造就长垣速度**

（1）加快构建起重装备产业生态圈。聚焦起重装备制造产业补链强链延链重点环节，持续加强"三提、两改"，加快起重装备智能化、制造服务化、生产绿色化、管理网络化、配套本地化发展，打造智能起重装备名城。把握起重装备行业朝着无人化、数字化、智能化升级发展的趋势，积极融入智能制造整体系统，突破远程遥控、无人操作、精准作业等关键技术。不断拓展机械制造应用新领域，深耕港口智能物流装备市场，积极发展特殊环境下的特种起重装备，持续推动"生产型制造"向"服务型制造"转变。

（2）打造国家医用防护用品生产基地。充分把握新冠肺炎疫情冲击及人口老龄化现象加剧带来的医用耗材市场需求激增，持续巩固传统医用耗材领域优势地位。加快完善布局"无纺布材料－防护产品"产业链，积极打造河南省最大、国内知名的应急医用防护用品生产基地。积极开发高附加值功能性新产品，推动医疗耗材向高端化纵深延伸。探索关键核心技术攻关新型举国体制河南模式，加强与国务院部门、央属院所和国家级医疗机构协作，打造国家级高性能医疗器械创新中心。

（3）加快全国建筑防腐产业示范区建设。按照全产业链、全生命周期发展思路，推动建筑防腐向上游、下游延伸，建成千亿级防腐蚀全产业链全要素创新基地。积极推动建筑、防腐业从产业链中低端向中高端跨越，打造具有国际竞争力的"长垣建造""长垣防腐"品牌。积极参与国内重大工程建设，不断提升"防腐之都"品牌影响力。大力推进"回归工程"，建设防腐总部基地。

（4）构建多产联动的"大餐饮"发展格局。大力弘扬"厨师之乡"文化品牌，促进烹饪产业化发展。加强烹饪产业基础建设，推进烹饪产业与其他产业紧密融合，推动餐饮业向便利化、规范化、品牌化、特色化、标准化、规模化发展，积极打造"长垣大厨房"品牌。

**2. 五位一体找到发展之钥**

（1）强化要素保障。长垣市不断强化人才、资金、土地、用能等要素保障，进一步打造长垣特色要素禀赋优势，为长垣高质量赶超发展增添了后劲。不断优化产业发展环境，加快完善产业相关配套，积极培育物流等生产性服务业，全面提升产城融合发展水平。

（2）塑造新型关系。积极构建亲清新型政商关系，主动关心、及时回应市场主体的合理诉求，建立政企沟通长效工作机制。完善企业全生命周期服务模式，推广首席服务员、企业服务日、企业家恳谈日等制度，推进"一联三帮"保企稳业专项行动，打造"办事无障碍、监管无私心、服务无代价、执法无差别、投资无暗槛"的政商关系。

（3）搭建沟通平台。围绕产业生态圈，建设高能级平台载体，加快建设国家桥架类及轻小型起重机械监督检验中心、中国出口起重机质量技术促进委员会、河南省医疗器械检验长垣分中心、驼人研究院检测中心以及军民两用技术检验检测中心、防腐产业公共研发与检测实验平台等产业监督检验平台，不断完善商贸流通平台和电商交易平台，发展从原料辅料到防护产品、生产设备、检测试剂全产业链全品类产品展会，为产业发展提供新品展示、产品交易、文化交流、商务会谈等服务，有效提升主导产业的质量和层次。

（4）守住风险底线。强化产业链安全可控，制订重点产业链补短板清单和技术路线图，加快短板技术攻关，实施关键环节重点企业培育和招引，构建自主可控的产业生态。针对短期内难以替代的环节，实施"供应链多元化"计划，协助企业分环节、分领域、分层级拟定供应商名单，推动重点关键环节实现国产替代，确保风险出现时产业发展安全可控。

### 3. 三力协同续写未来辉煌

（1）政府端发力做到有为。长垣制定出台了《长垣县推进智能制造和工业互联网发展实施方案》《长垣县加强创新驱动促进产业提升发展实施意见》等多项政策文件支持产业集聚发展，并配套制定了10项智能化奖补措施。通过这些政策措施的实施，长垣产业智能化发展水平获得了快速提升，帮助企业在新一轮的发展中占得先机。充分利用全国土地改革试点县、全国乡村治理体系建设试点县、河南省县域治理"三起来"示范县（市）等一系列试点示范给长垣带来的制度红利和政策红利，为长垣各项工作继续走在前、做表率和经济社会持续稳定健康发展注入新动力。

（2）企业端发力做到有位。不断完善企业创新引导促进和梯次培育机制，强化企业在技术创新决策、研发投入、科研组织和成果转化方面的主体地位，促进各类创新要素向企业集聚，提高企业创新能力和水平。不断提升产业链龙头企业发展能级，培养具有生产主导力的产业链"链主"企业，充分发挥卫华集团、驼人集团、河南矿山等大型龙头骨干企业的带头作用，积极推动大中小企业融通发展，形成"领军大企业－高新技术企业－后备高新技术企业"的创新型企业梯队，保持高新技术企业总量在省管县市中始终位居第一。

（3）市场端借力做到有效。围绕发挥市场在资源配置中的决定性作用和更好地发挥政府作用，以推动市域治理体系和治理能力现代化为目标，坚定不移深化市场化改革，推动有效市场与有为政府更好地结合，建设河南省制度优势和治理效能展示窗口。全面融入以国内大循环为主体、国内国际双循环相互促进的新发展格局，充分把握河南省1亿人口大市场的优势地位，推动长垣市消费结构升级，大力发展餐饮、食品加工、文化旅游等特色优势产业。推动医疗器械、起重装备等特色优势产业在全国乃至全球范围内重构产业链、供应链，在深度融入和服务构建新发展格局中实现转型发展。大力创建践行县域治理"三起来"示范县、黄河流域生态保护和高质量发展示范县、全国综合实力百强县，推进供给侧需求侧改革，以更大格局深化改革开放，持续增强市场发展动力和活力。

# 分报告二

## 长垣绿色发展之路

从人类文明的演进过程看，生态文明是继原始文明、农业文明、工业文明之后一种新的文明形态，是人类历史发展过程中形成的人与自然、人与社会环境和谐统一、可持续发展的文化成果总和。自我国改革开放以来，伴随着经济迅猛发展，产生了一系列生态问题，日益加剧的生态危机致使我国经济社会发展和人民日常生活遭受严峻考验和重大威胁。在党的十八届五中全会上，以习近平同志为核心的党中央提出了创新、协调、绿色、开放、共享的发展理念，指出绿水青山就是金山银山；保护环境就是保护生产力，改善环境就是发展生产力。绿色发展理念着眼于人与自然和谐共生、经济与生态协调共赢，为生态文明建设和推动可持续发展指明了正确方向和可行途径，为人类更快步入生态文明新时代提供了思想指引。2019年9月18日，习近平总书记在黄河流域生态保护和高质量发展座谈会上的讲话，提出要共同抓好大保护，协同推进大治理，让黄河成为造福人民的幸福河，把黄河流域生态保护和高质量发展上升为重大国家战略。作为一座因黄河而生、因黄河而兴、因黄河而美的城市，长垣市委、市政府高度重视生态文明建设，坚持以习近平生态文明思想为指导，围绕黄河流域生态保护与高质量发展建设，以创建国家生态文明建设示范市为载体，坚持生态优先、绿色发展、全域绿化发展理念，走出了一条生态保护与经济发展相协调、相促进的高质量发展之路。

# 一 筑根基，与黄河共依存

长垣位于豫鲁交界，九曲黄河最后一道转弯处，"黄河湾"的地理和水文环境塑造了长垣的发展形态，标定了长垣的发展基础。长垣在沿黄县市中滩区面积最大、滩区人口最多、河道断面最宽、河道横比降最大，因此，长垣的发展既受益于黄河，也受制于黄河。

## （一）长垣发展受益于黄河

改革开放以来，长垣GDP从1978年的8856万元增长到2020年的490.2亿元，增长553倍；一般公共财政收入从 1978 年的 1983 万元增长到 2020 年的 34.1 亿元，增长 171 倍；农村居民人均收入从 2016 年的 16236.1 元增长到 2020 年的 23188.0 元，增长 0.4 倍；城镇居民人均收入从 2016 年的 23109.1 元增长到 2020 年的 30611.0 元，增长 0.3 倍。而"长垣现象""长垣模式"的"文化基因"和"成功密码"就隐藏在长垣人民与黄河灾害抗争的历史中。

黄河造就了长垣人不怨天、不尤人的自强品格。长垣滩区土地盐碱、十年九灾，但长垣人"饿死不讨饭，学门手艺谋发展"，学技术、跑业务、做生意，硬是用一根棉签捻出了一个卫材产业，一把锤子敲出了一个起重产业，一把刷子绘出了一个防腐产业，一把勺子炒香了一个烹饪产业。

黄河造就了长垣人不折腾、不懈怠的奋斗定力。长垣人深知，长垣滩区地上无资源、地下无矿藏，区位无优势、交通无便利，胼手胝足的民营企业家、"无中生有"的民营经济就是自身发展的最大财富。始终坚持发展产业不动摇，始终坚持抓主导产业不朝三暮四，起重、医疗耗材、建筑防腐三大产业的集聚度、市场占有率、行业影响力均位居全国首位。

黄河造就了长垣人不忘恩、不忘本的家国情怀。长垣是"三善之地""君子之乡"，蘧伯玉耻独为君子、孔子杏坛施教、子路三善治蒲等深厚文脉代代相传。走南闯北、事业有成的长垣人以回报乡梓、建设家乡为荣，仅防腐施工企业一类，2017 年以来，就有 54 家企业返乡注册，贡献税收 57.34 亿元。2018 年，自全市乡村振兴示范创建工程实施以来，企业家、新乡贤投资捐款达 18 亿元。

黄河造就了长垣人不守旧、不排外的开放胸襟。得君子文化沉淀之厚、改革开放风气之盛，"继任者尊重开创者、本地人包容外地人"成为长垣社会生态的鲜明特征。近 3 年来共承办省级以上产业博览会、体育赛事、高峰论坛 51 次，参加人次累计超 280 万；在长垣从事企业管理、科技研发、经销策划的"新长垣人"超 5 万人。

### （二）长垣发展受制于黄河

党的十九大指出"我国社会主要矛盾已经转化为人民日益增长的美好生活需要和不平衡不充分的发展之间的矛盾。"党的十九届五中全会指出"我国发展不平衡不充分问题仍然突出""农业基础还不稳固""城乡区域发展和收入分配差距加大""生态环保任重道远"等。位于黄河"豆腐腰"的长垣，对以上重要论述有着深刻体会。

黄河水患高悬与滩区群众安居相矛盾。从 1855 年黄河改道至 1935 年的 80 年间，黄河在长垣决口 60 余次，其中 1933 年黄河在河南决口 54 处，33 处在长垣。目前长垣段东坝头至陶城铺河段滩面横比降达 1‰～2‰，为河道纵比降的 6～10 倍，是"二级悬河"态势最严重的河段，而目前长垣生活在泄洪通道附近的群众仍有 27 万人，维护黄河安澜依然是长垣治黄的头等大事。

基础建设滞后与滩区产业发展相矛盾。《水法》、《防洪法》以及"项目不进滩"等政策，极大地限制了滩区的产业发展、公共服务提升和群众增收致富。尤其是芦岗、苗寨、武丘三个滩区农业乡镇，拥有"四上"企业37家，仅占全市总数的4.7%；2019年招商引资完成额度1.61亿元，仅占全市总数的3.76%；人均拥有道路长度12.1米，仅为全市平均水平的31.7%；人均年收入15483.7元，为全市平均水平的71.6%。

生态环境保护与粮食稳产增产相矛盾。长垣39.1万亩的滩区耕地总量中，大约有27.4%的耕地位于浅滩区，大约有80%的耕地灌溉用水依赖黄河，按照目前增速，未来10年长垣还将新增人口20万左右，对粮食稳产增产提出了更高要求。但与此同时，黄河长垣段枯水期平均河面宽度逐年收窄，2003年为650米，2010年为625米，目前仅为375米。

滩区治理低层次与滩区发展高质量相矛盾。长垣166个滩区行政村中，完成"多规合一"实用性村庄规划的仅有23个。长垣滩区宅基地总面积达3.3万亩，而根据一户一宅、户均两分半的使用标准，一户多宅和超占的宅基地面积就达0.7万亩。39.1万亩的滩区耕地中，达到高标准农田建设的仅占35%，能够实现与观光休闲、家庭农场等新模式、新业态融合发展的仅占23%，滩区治理水平亟待提高。

水资源不足的现实与高质量发展的需求相矛盾。长垣引黄指标仍为 20 世纪 80 年代确定的 8400 万立方米，与目前长垣经济社会发展水平极不相称。2019 年，长垣用水总量达 2.1 亿立方米，除引黄水外，不足部分只能通过地下水、中水等来源获得，在以水定城、以水定地、以水定人、以水定产的约束条件下，既需要加强水资源节约集约利用，也需要进一步科学划定沿黄县市引水指标。

### （三）长垣环境承载力

近年来，生态环境部门严格环境准入，精准治污，科学管控，环境空气质量持续好转。据统计，长垣大气污染物年排放总量仅为巩义市的 1/8，为汝州市和永城市的 1/5 左右，比滑县和兰考县低 1000 吨左右，环境空气质量优于周边县市。

大气环境容量充裕。特别是自污染防治攻坚战以来，长垣实施燃煤锅炉拆改市域全覆盖，共拆除或清洁能源改造燃煤锅炉 220 余台、合计 400 蒸吨，对排查出的 600 余台（套）经营性煤炉、大灶和 98 家燃煤散烧点全部取缔整改，共淘汰黄标车 2500 余辆、取缔整改"散乱污"企业 560 余家。新投运的新中益电厂属于全省第一家超低排放企业，为长垣的供电和供暖留有极大的结余空间。加快推进乡镇燃气建设工程，完成了 13 个乡镇总长 450 余公里燃气管网建设。通过以上措施，可减排二氧化硫 1860 余吨、氮氧化物 3000 余吨；同时，根据环境监测显示，长垣环境空气质量综合指标居新乡市第一，空气环境容量充裕。

水环境容量充沛。建成投运的第一、第二污水处理厂，设计日处理总规模 13 万吨，实际日处理量 9.2 万吨，每年可为长垣消减 COD 3630 余吨、氨氮 680 余吨、总磷 60 余吨；"十三五"期间，长垣水环境质量由 V 类水质提升至 Ⅳ 类水，水环境质量持续改善，水环境容量充裕。

# 二 强环保，打造碧水蓝天

长垣牢固树立"绿水青山就是金山银山"的发展理念，实施可持续发展战略，加强环境综合治理和生态保护，有力促进了环境保护工作，改善了环境治理，取得了显著成效。

## （一）推动黄河流域生态保护

### 1. 加强生态保护与修复

优化黄河滩区自然保护地，对黄河湿地鸟类国家级自然保护区、国家级黄河水利风景区、黄河鲁豫交界段国家级水产种植资源保护区、水源保护区及黄河嫩滩实施生态保护与修复，建成沿黄特色生态带。加强湿地生态系统保护与修复，提高湿地水源涵养能力。加强野生动植物资源保护。加强沿黄生态带建设，建成天然文岩渠湿地公园，加快建设黄河湾森林公园、黄河故道王家潭湿地森林公园，形成黄河生态廊道。按照长垣市"一河一渠四大区"的景观生态安全格局，持续对黄河滩区进行生态保育和修复建设，强力开展水源保障工程、防洪除涝等水生态文明建设工程、引黄调蓄及天然文岩渠生态廊道建设工程。从发挥防风固沙、水土保持等作用向森林固碳、节能减排等新领域延伸，有效减缓了温室效应，实现了间接减排，扩大环境容量，提高了经济社会发展的环境承载能力。率先在全省平原地区实行林长制，建立了县、乡、村三级林长制体系。森林公安"三化"建设助推森林防火工作进一步加强。林业有害生物防治工作取得长足进展，林业生态功能明显增强。

**2. 划定资源环境生态红线**

一是严守资源消耗上限。加强能源、水、土地等战略性资源管控。实施能源消费总量和消耗强度"双控"制度，将节能评估审查作为控制地区能源消费总量和增量的重要措施。落实最严格的水资源管理制度，严守用水总量控制、用水效率控制、水功能区限制纳污"三条红线"，确定经济和社会发展规划、城市总体规划、重大产业布局时必须进行水资源论证。二是严守环境质量底线。将大气、水、土壤等环境质量"只能更好、不能变坏"作为各级党委、政府环保责任红线，合理确定污染物排放总量限值和环境风险防控措施。严格落实京津冀国家重点控制区大气污染物特别排放限值。全面推进饮用水水源一级、二级保护区内生态保护和环境整治，依法取缔排污口。严格实施农产品产地安全区划和重金属污染防治规划，强化土壤环境质量监测和污染风险评估。三是严守生态保护红线。将禁止开发建设的区域以及核心生态区域划定为生态保护红线。落实生态红线区划技术规范和管制措施，切实加强保护与监督，确保生态功能不降低、面积不减少、性质不改变。

## （二）布局绿色生态空间

### 1. 优化全域空间开发格局

一是促进黄河流域空间格局的重塑和发展要素的最优组合。加快推动贯孟堤扩建、引黄涵闸改建加固和下游河道综合治理等项目，强力推进黄河滩区居民迁建工程，充分挖掘利用黄河滩区生态空间，目前1.16万名黄河滩区群众实现搬迁入城。二是优化城乡空间结构，全面评价市域和区域资源环境承载能力，统筹谋划人口分布、产业布局和城镇化格局，推动空间结构与城市规模、产业发展和生态容量相适应。优化城乡建设用地结构和布局，严格保护城乡生态环境，扩大城乡绿色空间，打造"三网"融合生态空间，推进路网、水网、林网"三网融合"，构建科学合理的产业发展格局、生态安全格局。

## 2. 大力推进绿色城镇化

依托水系、林木、湿地等自然生态资源，科学规划、合理布局全市绿地、湿地、生态廊道等系统，划定并强化城市绿线管制，积极建设绿色生态城镇。目前全市人均公园绿地面积达 12.5 平方米。加快推进地下综合管廊、海绵城市建设，提高城镇供排水、防涝、雨水收集利用、供气以及市容环卫等基础设施建设水平。加强智慧城市建设，构建集智能交通、智能建筑、智能城管、智能环保、智能安全保障于一体的城市基础设施运行管理体系。运行了全域垃圾分类、收集、运转、再利用、焚烧发电的处理模式。河南驼人医疗器械集团有限公司等 5 家企业被评为河南省节能减排科技创新示范企业，长垣市被评为全国乡村治理体系建设试点单位。

## 3. 全面建设美丽乡村

全面贯彻落实乡村振兴战略，全域推进美丽乡村建设，着力保持农村特色、生态环境和田园风光。完善镇域村庄规划，通过保护、改造、新建有机结合整体提升建设水平。加强农村饮用水源保护，实施水源保护区内的生态建设和修复。严格控制面源污染，加大农村环境综合整治力度，加强农村绿化美化。强化对传统村落以及古居、古街、古树等历史文化要素的保护利用，发展乡村旅游，助力美丽乡村建设。目前共铺设农村污水主管网 2420 公里，建设污水处理站 367 座，农村无害化卫生厕所覆盖率达 93.5%；

建成围村林 411 个, 新增街道绿化村 450 个, 街道廊道绿化 1893 公里, 成片造林 9 万余亩, 林草覆盖率达 27.61%; 完成 446 个村庄建筑风貌、外立面的美化工作, 群众的获得感、幸福感不断增强。

### 4. 打造城市宜居空间

按照城郊森林化、城区园林化、城外田园化的思路, 加快全域绿化先锋区建设, 高品质推进公园游园建设、连通绿地生态廊道、修复生态水系, 提升城市生态系统功能。一是抓好滨水景观改造。按照路网、水网、林网"三网融合"的理念, 立足"水畅、河清、岸绿、景美"的建设目标, 实施了投资 53.66 亿元的生态水系建设工程, 把市域内 61 条 (长 390 公里) 主要河道及 9 个坑塘按照景观展示、黄河文化、历史人文、生态保护等内容进行统筹规划, 构建湖河渠连通的滨水景观。目前, 完成了山东干渠、耿村沟、大车干渠、孙东干渠、红山庙沟南段、王堤沟南段等河渠的绿化景观提升工作, 新增滨水景观绿地 28.7 万平方米, 促进蓝绿空间融合发展。二是抓好公园游园建设。坚持以植物造景为主, 充分挖掘"三善之地""君子文化"等历史文化。近 3 年, 高标准建成了明察园、忠信园、卫蒲公园、九龙湿地公园、王家潭湿地森林公园等 5 个综合性公园。正在加快推进 800 亩湿地公园、300 亩体育公园等绿地建设。同时, 结合老城改造, 建设了一批分布均匀、功能完善的街头游园, 新增公园游园绿地面积 193.5 公顷。

三是抓好绿色廊道建设。大力推动城市绿道建设，把道路绿带、滨水绿带、防护林带、步行道、自行车道等连接为绿色生态廊道，成为联系城乡绿化与城区间组团绿化的绿色纽带。完成了山海大道、景贤大道、阳泽路、中环路、长石路、中环路等绿道建设，新增城市绿道31.6公里。

### 5. 打造生态文明先锋区

大力提升城市绿地品质，打造生态文明先锋区。一是做好现有绿地景观的提质工作。启动三善园、如意园、容园等公园的改造提升工程，科学合理增花补绿，深挖历史文脉，注重特色文化的植入，增设书吧、足球场、健身设施、咖啡馆等便民服务设施，精心打造景观优美、环境宜人、群众满意的城市新空间，推动城市绿地建设由"规模化向品质化"转变。二是做好"增花添彩"文章。紧扣绿化美化彩化主题，以如意园等公园为中心辐射带动周边道路（如匡城路、宏力大道、人民路、博爱路），提升主次干道十字口景观，增植红枫、银杏、紫花地丁、波斯菊、石竹等季节变化明显、色彩丰富的观赏花卉及树木，实现了道路在绿色基底上增花添彩。三是建立长效管理机制。坚持分级管理与重点突破相结合的原则，健全绿地管理标准，通过立标准来求质量、出精品，推动管护工作上台阶、上水平。推进城市园林绿化管护由粗放型向精细型，由重数量扩张向重质效提升转变。

### （三）提升改善生态环境

以创建国家生态文明建设示范市为抓手，统筹大气、水和土壤污染防治攻坚，大力推进绿环、绿廊、绿园建设，坚决打赢蓝天、碧水、净土保卫战，PM2.5、PM10、空气质量综合指数等主要指标实现"七降一升"，水环境质量达到省市目标要求，土壤环境质量保持良好，实现环境治理提效。

### 1. 实施蓝天保卫战

建立"1＋5"协作机制，严格落实周例会、周研判制度，严格"六控"措施，铁腕整治"三散"，建成大数据智慧环保信息监控平台，实现空气质量和重点涉气企业自动监测全覆盖。科学防控工业污染，开展污染六项治理和在线监控安装工作，开展建筑工地渣土扬尘专项整治、秸秆焚烧专项整治等攻坚行动，重点加强拆迁改造、在建工程、道路等扬尘整治，涂装、木制品等行业的废气和粉尘治理，以及餐饮油烟、生物质锅炉、秸秆焚烧等烟尘的防治，推动全市大气环境质量持续改善。"十三五"期间，全市主要污染物指数 PM10 浓度下降 15.9%；PM2.5 浓度下降 16.4%，综合指数下降 17.6%，环境空气质量持续向好。强化项目带动，重点实施了天然文岩渠生态画廊、黄河故道王家潭湿地森林公园、芦岗中部路水林三网示范区、"水墨赵堤"田园综合体、万亩优质牧草种植产业园等项目。

**2. 实施碧水保卫战**

强化水资源节约利用。以创建国家节水城市为载体，开展水资源、水生态、水环境、水灾害"四水同治"，建立用水定额指标管理体系，建成智慧水务系统。把水污染防治攻坚与落实河湖长制、百城提质、农村环境综合整治等工作有机结合，强化城乡河流综合治理，加快推进生态水系、第二污水处理厂改扩建、湿地公园、农村生活污水处理设施和配套管网建设以及东西护城河、耿村沟、治岗沟等黑臭水体整治，实施清单管理，精准治理。建成日处理13万吨的第一、第二污水处理厂的改扩建和中水回用工程，实现市域污水处理全覆盖。投资建设包括水源涵养、引黄调蓄、农业灌溉、防洪除涝、环境保护及水生态文明等在内的生态水系工程。"十三五"期间，全市省控断面水质从Ⅴ类水提高到Ⅳ类水，集中饮用水源地水质达标率为100%，水环境质量明显改善。对58条河道进行清淤疏浚，铺设截污管网100余公里。共清理河道900余公里，处理违章建筑物480处、垃圾9万余立方米、漂浮物15.3万平方米，水环境质量达标率为100%。加快推进防洪除涝及水生态文明城市建设工程，全面修复提升原有河渠坑塘水系。

**3. 实施净土保卫战**

强化监管，持续开展土壤污染源详查和重点监管企业周边土壤监测工作，深入开展土壤污染状况详查，建立污染地块优先管控名录，强化土壤污染源头管控，实现疑似污染地块现场调查评估，强化固体废物处置与综合利用。强化农业面源治理，严格化肥农药使用和管控，持续开展化肥、农药零增长行动，持续抓好秸秆综合利用和养殖粪污资源化利用，科学划定禁养区，强化无害化粪便还田、雨污分流等措施，实现养殖废物减量化、资源化和无害化。提升环保基础能力，持续开展非正规垃圾堆放点整治，加强生活垃圾和医疗废物及工业废物处理处置，确保土壤环境安全，建成投运垃圾发电厂一期工程，进一步提高垃圾处理能力，防范新增土壤污染。"十三五"期间，农业用地和建设用地土壤环境安全利用率均为100%，土壤环境状况持续改善。

# 三　增绿色，推进生态建设

长垣以黄河流域生态保护和高质量发展为契机，以打造森林城市、花园城市为抓手，围绕国土绿化提速行动建设森林河南总要求，先后实施了围村林建设、森林公园建设、国家储备林建设等一批国土绿化工程，逐步形成了林水相依、林城相依、林村相依的森林生态网络。

## （一）高标准推进全域绿化

长垣坚持"花园城市"定位，高标准打造森林长垣。

围绕推进沿黄生态保护和高质量发展，坚持路网、水网、林网"三网融合"理念，以全域绿化为切入点，积极开展森林城市创建活动。探索实施多主体社会化造林管护模式和林长制管护模式，并在全省推广。以创建黄河流域生态保护与高质量发展示范县为契机，打造四季常绿、四季有景，产业、经济、生态、景观、文化等多种功能相融合的生态景观，全市建成区绿化覆盖率达41.2%，路河渠绿化率达100%，农田林网控制率达到98%，全市林木覆盖率达34.97%。2019年以来重点启动实施投资17.4亿元的围城林绿化提升、投资15亿元的黄河湾森林公园、投资13.7亿元的黄河故道王家潭湿地森林公园、投资11.8亿元的天然文岩渠右堤绿化提升等项目，成功创建省级森林城市。在全域绿化工作中创新运用托管造林模式，提升绿化效果与质量。

**1. 抓好五个重点，构建全域绿化大格局**

一是全力抓好国家储备林项目建设。开展国储林基地建设，有效增加全市森林资源面积，提高森林质量和生态服务功能，有力促进农村产业结构调整。二是建设森林公园。满足人民群众对优美生态环境日益增长的追求，结合黄河水利资源优势，建设占地8400余亩的王家潭湿地森林公园，涵盖湿地水景55万平方米、各类花园草坪115万平方米、各类林地400万平方米。三是建设绿色乡村。将国土绿化提升作为提升乡村"颜值"的重要举措，将经济与用材、落叶与长绿多树种科学规划，乔灌花草合理配置，每个围村林不少于 2 个树种，每个乡不少于 10 个树种，围村林绿化净宽度不小于 100 米，着力形成一村一韵、一村一特色，实现开窗见花、出门见绿、处处见林的景观效果，目前已建成围村林 411 个。四是打造黄河滩区景观带。结合黄河滩区不同的水文、土壤、环境特点，坚持宜花则花、宜草则草、宜树则树，打造花园、菜园、果园、牧场"三园一场"。按照"彩色化、效益化"原则，谋划建设黄河湾森林公园。在临黄大道以东发展油葵、万寿菊、金丝皇菊种植，打造集体验、观赏、采摘及深加工于一体的现代化新型高效生态旅游园区。五是全力抓好重要节点绿化。对高速、廊道、镇区等重点部位开展绿化美化，打造有标志性的绿地，有效提升绿化美誉度。同时，充分利用宅基地改革成果，对村庄空闲地、坑塘、街道等实行见缝插绿、增加绿化亮点，提升乡村形象和品位。

**2. 创新管理模式，开启国土绿化加速度**

一是造林机制创新。通过购买第三方服务，引进专业的造林主体，将"政府花钱雇人"变为"政府花钱买服务"，提升绿化成活率。采取"政府租地－企业经营收益"的方法进行绿廊、围村林建设，既保证群众受益，又激活市场主体，实现政府、企业、群众三赢。全市绿化工程按照项目化建设，广泛招纳专业力量开展绿化建设。二是融资模式创新。市财政每年拿出 7 亿元资金用于绿化建设和奖补，积极吸引民营企业、在外经济能人等社会力量筹集资金参与绿化建设。三是管理技术创新。聘请公司开发植树小程序，建立"森林长垣生态建设网络系统"，通过手机端实时掌握市域内国土绿化推进、植树区域分布、乡（镇、街道）排名等情况，及时掌握造林动态，方便分管领导开展督导，打造长垣智慧林业。四是政策激励创新。市政府分别设置3个一等奖、3个二等奖、3个三等奖，结合督查验收情况，对工作完成较好的分别给予50万元、30万元、10万元的奖补。

### 3. 坚持统筹兼顾，推动经济社会高质量发展

一是坚持国土绿化与脱贫攻坚相结合。实行护林员制度，引导、鼓励有劳动能力的贫困农户参与造林和林木管护，在林业生态建设工程中优先雇用当地贫困农户，多渠道帮助贫困户劳动力就业，增加收入。目前已帮扶贫困群众227人，人均年增收1200元。二是坚持国土绿化与乡村振兴相结合。推动集体林地所有权、承包权、经营权"三权分置"，加快发展家庭林场、合作社等新型林业经营主体，促进集体林业适度规模经营。截至目前，全市林下经济面积达2.659万亩，林下经济产值达1732万元，已发展家庭林场8家、合作社59家。三是坚持国土绿化与全域旅游相结合。充分利用区域资源，结合全域旅游规划，通过天然文岩渠森林体验带、黄河湾森林公园、黄河湿地鸟类国家级自然保护区（长垣段）等项目将国土绿化与全域旅

游深度融合，建设总投资 30 亿元的黄河旅游综合体项目，提升全域绿化品位，实现国土绿化提质与全域旅游互促双提升。四是高标定位描绘绿化蓝图。围绕创建"全国百强县""县域治理三起来示范县""黄河流域生态保护和高质量发展示范县"的目标，高标准规划王家潭湿地森林公园、黄河湾森林公园和天然文岩渠右堤绿化，逐步将长垣打造成为全域绿化、全域旅游、全域生态的示范区。加强宣传，营造植绿护绿氛围。通过多种形式，广泛宣传国土绿化的意义和作用，激发全社会植绿护绿的积极性，全年组织开展全民义务植树活动 2 次、参加人数达 66 万余人次、植树200 余万株。

## （二）推动绿色低碳发展

坚决贯彻创新、协调、绿色、开放、共享的新发展理念，加快形成节约资源和保护环境的空间格局、产业结构、生产方式、生活方式，把经济活动、人的行为限制在合理范围。

### 1. 先行一步培养碳排放管理员

长垣先行先试，探索建立碳排放管理员制度，根据上级政策部署，及时启动碳排放管理员培养计划，进一步提升碳减排工作效率，为全省、全市做表率、起带头作用。

### 2. 及时筹备建立碳交易平台

碳交易指把企业向空气中排放温室气体的权利包装成

可以买卖的商品，然后通过市场机制让这种商品流通起来。国家已将年度温室气体排放量达到 2.6 万吨二氧化碳当量的企业纳入全国碳市场重点企业名单，按照排污标准分配各企业碳排放额度（目前全市只有新中益电厂符合要求，许可年排放 400 万吨，实际排放 385 万吨），碳排放额度不足的企业可通过碳交易平台向额度剩余企业进行购买（目前吨平均价格为 40 元），激励企业向绿色企业转型。同时，碳交易平台收取一定的碳交易费，用于补贴给那些守着绿水青山的地区，即实施生态补偿。

**3. 积极实施碳回收捕捉措施**

通过游园、森林公园、绿色廊道、围村林建设，提高全市森林覆盖水平，在给市民提供宜居的生活环境的同时，使森林植物吸收大气中的二氧化碳并将其固定在植被中，从而降低该气体在大气中的浓度。鼓励企业加大碳排放治理，开展碳捕捉、碳利用和封存技术的研发与运用，并在政策和资金上予以扶持，进一步减少二氧化碳等碳排放。

当好碳排放先锋兵。石化、电力、建材、交通运输等行业是碳排放重点行业，其碳排放量之和超过全国碳排放总量的 60%，碳减排任务重、难度大，企业加强碳排放管理迫在眉睫。因此，长垣积极探索建立碳排放制度，打造职业化的碳排放管理队伍，争做生态文明建设先锋区的先锋兵。

# 四 抓效益，发展生态经济

从转变发展方式入手，长垣不断提升经济结构，坚持走集约、集群发展道路，大力发展循环经济，加快转变生产方式，优化农业发展结构，逐步形成一园多区、组团发展、分层推进的区域经济发展格局。

## （一）大力发展循环产业

坚持创新驱动，实现"零资源"高质量发展。作为地下无矿藏、地上无资源的典型"零资源"城市，长垣坚持创新驱动发展战略，省级以上创新型平台、国家高新技术企业、专利授权总量、中国驰名商标量均居全省县（市）首位，高新技术产业增加值占规上工业增加值的比重高达93.5%，连续3年在全省经济社会高质量发展考评中名列前3位。推动战略性新兴产业健康发展，采用先进适用节能低碳环保技术改造提升传统产业，大力推进循环经济，发展壮大服务业。深入推进节能降耗，确保完成能源消耗总量控制目标。推广高效节水技术和产品，建设节水型社会，确保完成各项水资源总量控制目标。充分运用先进科学技术和管理理念，积极推进秸秆的综合利用、畜禽废弃物资源化利用、农膜回收利用。以循环经济理念为指导，以清洁生产为手段，按照"减量化、资源化和无害化"的要求，推进工业固体废物资源化利用与处置工程建设，加强政策引导，加大管理力度。

## （二）推广绿色生产方式

长垣作为民营经济活跃县，在推进新型城镇化和工业化进程中，面临资源约束日益趋紧、环境压力日益增大等问题，应以生产方式的绿色转型推动经济社会的高质量发展。持续深化供给侧结构性改革，累计实施"三大改造"项目331个，有机性挥发物排放每年平均减少1198吨，万元工业产值能耗降低14.5%。尤其是后疫情时代，坚持调结构、优布局、强产业、全链条，启动实施投资21.2亿元的国家级医疗防护用品"三基地、三中心"、投资14.5亿元的再制造产业园西区（绿色热工业产业园）等重大专项。全面推进"双替代"工作，天然气主管网实现全域覆盖，加快推进投资43亿元的暖气通村入户工程，全市产业结构、能源结构得到全面改善提升。

## （三）推进农业绿色发展

长垣坚持把农业绿色发展贯穿在农业农村生产建设各个环节，从节水、节肥、节药、节种等多方面全方位推广农业新技术新模式，有序推进农业废弃物资源化利用，持续改善农业生态环境和养护，不断推进长垣农业可持续发展。

### 1. 推动农业投入品减量安全使用

一是推广农业节水技术，减少农业用水总量。引导和鼓励县内新型农业经营主体、种粮大户切实增强做好资源能源循环利用的主动性、积极性，通过宣传引导、项目扶持、示范带动等方式，进一步完善基础节水设施建设，推广滴灌、喷灌、水肥一体化等技术，使本县农业用水逐年减少。二是开展测土配方施肥，促进化肥减量增效。通过开展测土配方施肥，引导农民和农产品基地增施农家肥和生物菌肥等有机肥料，逐步减少化肥的过量施用，实现合理施肥、平衡施肥、科学施肥，同时结合推行深耕深松秸秆还田，增加了土壤有机质含量，中和土壤碱性，使土壤团粒结构得以改善，土壤保水保肥能力不断提高，土壤微生物群落得到恢复，土壤硝化、反硝化过程逐步平衡，土壤生态系统的功能不断恢复。三是绿色防控，实现农药使用零增长。在农作物病虫害综合防控上，采用农业防治、物理防治、生物防治和生态调控相结合的办法，科学、合理、安全地使用农药，有条件的地区采用专业化统防统治，确保农作物生产安全、农产品质量安全和农药生态环境安全。四是指导科学用种播种，节约种子资源。受"有钱买种，没钱买苗"传统观念影响，长垣冬小麦播种量以往都在每亩 15 千克以上，浪费、低效严重。通过组织全市农业科技工作者下乡包村、入户到田进行科技宣传，宣传科学用种有关知识，目前已基本做到科学用种，减少播种量，逐步实现绿色农业可持续发展。

**2. 有序推进农业废弃物资源化利用**

一是发展循环种植业生产，推动秸秆综合利用。直接进行牲畜饲喂，发动全县养殖企业、养殖合作社、养殖大户进行秸秆收贮延伸产业链条，直接进行牲畜喂养。推广秸秆打捆、灭茬播种，引导种植户对主产的小麦、玉米进行秸秆打捆、灭茬播种，控制好小麦留茬高度，收割机械安装秸秆粉碎装置。禁止秸秆焚烧，通过加强舆论宣传、县政府主导推行、实行奖惩激励、压实乡镇属地责任、部门分包联动等措施，利用县、乡"蓝天卫士"电子监控平台，实现全县农区秸秆禁烧监控全覆盖。二是推广稻渔综合种养，提质增效稳粮促渔。探索水稻栽培技术和水产养殖技术的对接互融，利用水稻和水生动物之间共生互利的关系，形成具有"稳粮、促渔、增效、提质、生态"等多方面功能的现代农业发展新模式，提高稻田综合效益，实现稳粮促渔、提质增效的农业高质量绿色发展。

**3. 改善农业环境治理和养护**

一是开展面源污染普查工作。在全县范围内开展农作物采样普查工作，及时将所采集的数据上传系统。二是强化渔业资源养护。持续打击电鱼、涉渔"三无"船舶和绝户网等非法捕捞行为。实施水生物增殖放流，加强黄河渔业资源养护，改善沿黄水域资源生态。三是大面积推广液态地膜、易降解地膜。由于田间被废弃的塑料农膜形成的

"白色垃圾"长期不分解，土壤污染严重，通过引导农膜回收再利用，推广液态地膜、易降解地膜的使用，可以最大限度减少白色污染。

**4. 以特色种植发展绿色产业**

积极践行绿水青山就是金山银山，因地制宜在滩区发展优质牧草、苗木花卉、食药同源作物等种植业，营造美丽生态、壮大美丽产业。大力发展林下种植、林下养殖、林产品加工、森林景观利用、特色林果等绿色经济产业，全市新建林果基地 263 公顷，改造完善 335 公顷；改造完善苗木花卉基地 265 公顷；新建林下经济 145 公顷，改造完善 384 公顷。依托资源优势，充分挖掘森林生态旅游潜力，大力推进生态旅游产业发展，生态旅游产值不断创新高。

**（四）建立绿色工业体系**

长垣产业集聚区是国家新型工业化产业示范基地、省级高新技术产业开发区，坚持节约资源和环境保护的基本国策，深入推进工业低碳、绿色发展，带动现代工业体系创新、协调发展。

**1. 大力开展新能源建设，推动低碳产业发展**

为积极应对经济发展新常态，长垣加快培育工业发展的新动力，大力开展新能源建设，推动低碳产业发展。加快培育发展技术含量高、资源消耗少、带动效应广的新能源汽车、光伏发电、节能环保等新兴产业，鼓励企业开展持续清洁生产，实施节能、减排、节水技术改造，开发生产高附加值资源综合利用产品，提高企业节能管理水平。以节能减排、绿色制造为核心，着力新方法、新材料、新技术的开发与应用，全力打造能源低碳、绿色生态的产业和园区。

**2. 增强科研能力，促进产业升级**

结合长垣产业现状及特点，积极争取国家技术改造专项资金支持，尽快延伸、完善和优化现有产业链，提升产品的工艺水平与技术含量，提高产品附加值。促进信息化与工业化在技术、产品、业务、产业方面的深度融合，推动产品性能向自动化、智能化和集成化方向发展，产品设计向绿色化、精确化和复合化方向发展。

**3. 加强基础设施的绿色化建设**

园区紧邻县城城区，地理位置优越，各项基础设施配套齐全，无污染源，空气质量环境良好。开发区结合自身区位交通优势，大力推进公共服务平台建设，实现跨地域产业链整合，借助周边地区的技术、资本、服务网络弥补本地供给侧及下游市场的不足，同时以自身强大的产品和服务能力反哺其他区域，最终形成跨区域的生态化产业发展平台。

**4. 积极建设资源节约、环境友好"两型"园区**

节能减排与资源综合利用，坚持节能优先的原则，全面加强节能监督管理。严格控制高耗能、高污染产业的发展，关停并转一批小型高耗能工业企业。大力推行建筑节能，新建建筑必须严格遵照节能设计标准。

# 五　转理念，建设生态文明

在现代化生态文明建设过程中，长垣积极树立社会主义生态文明观，大力推进绿色发展，不断加强制度建设，营造生态文明发展氛围，切实履行对我国绿色发展的自觉担当，为实现幸福长垣不懈努力。

## （一）倡导绿色生活理念

长垣处于京津冀大气污染传输通道，长垣群众对优良生态环境、优质生态产品需求迫切，应坚持共建共享、因势利导，使群众成为生态文明思想的自觉践行者、最大受益者。

### 1. 维护美丽清洁的人居环境

学习借鉴浙江"千万工程"经验，确立 3 年投入 18 亿元的"369"财政激励计划，通过组织领、社会帮、群众干，引导全域乡村和群众竞相参与乡村振兴示范工程，通过实施畅通、净化、绿化、美化、文化五大行动，铺设农村污水管网 2420 公里，建成农村污水处理站 367 个，绿化街道廊道河渠 1001 公里，建成公园游园 724 个、"四园" 3081 个。初步建立户分类、村收集、乡转运、县消纳处理的全域垃圾无害化处理机制。

**2. 推广绿色低碳的出行方式**

在全国县级城市中率先引入摩拜共享单车，目前全市拥有共享单车 3640 辆。累计引进纯电动公交车 190 辆，占全市公交车总数的 87%，在全国县级城市中率先实现城区公交免费乘坐，线路覆盖城市建成区内 90% 的小区和庭院、95% 的中小学校、90% 的公园游园，以及全部大型商超和医院。2018 年开始运营"智慧公交"系统，已建成投用使用智能电子站牌 76 个，智慧公交"长垣行"App 注册人数达 15 万人。

**3. 培养健康文明的生活习惯**

以抓防控、战疫情为契机，大力宣传垃圾不落地、聚餐用公筷、排队一米线等公共卫生常识。认真贯彻习近平总书记关于制止餐饮浪费行为的重要指示精神，全市单位食堂、餐饮店面实现宣传版面展示、公益标牌摆放全覆盖。精心打造"赛事之都""健康之城"城市品牌，全市人均体育健身场地面积达 2.25 平方米，累计举办长垣国际马拉松赛、环中原自行车赛、省龙舟赛等省级以上赛事 18 项，参与 25 万余人次，积极锻炼、追求健康在全社会蔚然成风。

**（二）构建现代化生态治理体系**

**1. 坚持高位推动，建立健全工作推进机制**

坚持以高质量的规划引领高质量的保护、治理，编制

《长垣黄河滩区生态保护和高质量发展规划》等文件，多重维度对长垣黄河流域生态环境保护工作进度深度谋划，突出重大规划政策制定、重大举措谋划、重大工程建设，以点带面、点面结合，积极探索走出一条富有长垣特色的生态环境保护和高质量发展之路。把黄河流域生态环境保护作为全市工作的重中之重来抓，将黄河流域生态保护和高质量发展纳入重要议事日程，明确专人专责，细化责任分工和任务措施，把目标分解落实到各级各部门，进一步夯实主体责任。坚持把创建国家生态文明建设示范市工作作为"一把手"工程，强化创建工作的组织领导，做到工作有方案、年度有计划、责任有清单、考核有奖惩，在全市形成了整体联动、运作高效、完整配套的创建工作机制和体系。

**2. 坚持全域统筹，推动城乡人居环境提升**

坚持以人为本、全域统筹，城市品质不断提高，蝉联全国文明城市、国家园林县城，被确定为全国"城市双修"唯一县级试点。大力推动河南省乡村振兴示范市建设，养老服务中心、垃圾集中处理等12项城乡基础设施和公共服务设施实现全覆盖，镇容村貌焕然一新。强化乡村生态振兴，坚持以补齐农村环保基础设施短板为着力点，以"畅通、净化、绿化"行动为突破口，精致建设、精细管理，促使人居环境生态宜居。

**3. 强化服务监管**

积极主动靠前服务，帮助企业制定"一厂一策"和深度治理，鼓励引导申报国家 A 类绿色环保企业，免于污染管控。持续加大环境执法监管，重点对黄河湿地鸟类国家级自然保护区、饮用水水源地等重点区域进行拉网式排查，严厉打击环保违法违规行为，以高效服务监管助力经济发展。

**4. 健全环境风险防范体系**

严格环境执法监管，落实污染源"双随机"抽查机制，全力构建网格化环境监管监督和环境应急管理体系，守牢环境质量改善和环境安全底线，定期开展风险评估和隐患排查，确保区域环境安全，强化危险废物全过程监管。纵深推进污染防治攻坚战，完善"三体系三机制"，建成大数据智慧环保信息监控平台，坚决打赢蓝天、碧水、净土保卫战。

# 六 新形势，开启绿色征程

## （一）发展新形势

**1. 国家重大战略深入实施，为长垣高质量发展提供新支撑**

推动乡村振兴是河南迈向高质量发展的最大空间、最大潜力和最大优势。长垣有望通过在农业农村现代化、体制机制创新等方面先行先试，打造县域经济新引擎。黄河流域生态保护和高质量发展战略深入实施，有利于长垣统筹生态文明建设和沿黄经济发展，形成以黄河滩区生态功能保持和合理开发利用带动全市发展格局调整和功能再造，以生态资源、文化资源保护性开发和创新性使用推动旅游、康养休闲业发展，以黄河流域协同发展来拓宽发展空间的新局面。

**2. 资源环境和要素供给约束增强给长垣转变发展方式带来挑战**

未来一个时期，土地供给减速、环境容量趋紧、人才争夺激烈、债务约束提升等将会对传统发展方式带来巨大挑战。大型城市对中小城市的"虹吸"依然存在，城市发展的"马太效应"更加明显。长垣市作为县域经济的典型代表，面对高质量发展新要求，可支配的资源和政策工具有限，人才、金融等高端要素集聚能力不强，主要工业产品生产、能源消费等导致污染物排放的因素仍处于"高位平台期"，转变发展方式、优化经济结构、转换增长动力面临严峻挑战。

**3. 进入沿黄生态大保护、环境质量大改善的突破期**

黄河流域生态保护和高质量发展战略要求坚持生态优先、绿色发展，从过度干预、过度利用向自然修复、休养生息转变，沿黄两岸城市必须共同抓好大保护、协同推进大治理。作为沿黄下游重要节点城市，未来随着黄河流域生态保护和高质量发展战略的深入实施，长垣将围绕沿黄流域生态环境保护和黄河长治久安，高起点、高标准谋划推进重大工程，推动"三生"空间系统重构，带动全市生态文明建设和高质量发展取得突破性进展。

**（二）战略新举措**

坚持节约优先、保护优先、自然恢复为主，全领域、全过程、全方位加强生态文明建设，打牢生态基底，壮大生态产业，聚力生态赋能，构建生态社会，促进城市绿色化和经济社会发展全面绿色转型，建设集水文河渠、富美滩区、绿韵林园于一体的美丽城市。

**1. 加强黄河流域生态保护**

坚持重在保护、要在治理，继续实施一批黄河干支流河渠综合治理工程、生态湿地保护修复工程，坚决守护黄河滩区优质生态环境基底和流域生态安全格局，保障黄河长治久安，让黄河成为造福长垣人民的幸福河。

（1）加强沿黄生态保护与修复。实施山水林田湖草生态保护修复工程，加快建设以水源涵养、水土保持、防风固沙、防浪保育、农田防护为主要功能的防护林带（网），高标准打造融合防护安全、生态涵养、水土保持、文旅休闲等功能的复合型生态廊道。优化黄河滩区自然保护地，对黄河湿地鸟类国家级自然保护区、国家级黄河水利风景区、黄河鲁豫交界段国家级水产种植资源保护区、水源保护区、天然文岩渠及黄河嫩滩实施生态保护与修复，建成沿黄特色生态带。加强湿地生态系统保护与修复，提高湿地水源涵养能力。加强野生动植物资源保护。制定黄河流域产业准入负面清单，推动沿黄产业布局优化和结构调整。加强水生态保护，构建"旱引涝排、上灌下补、内连外通、丰蓄枯补、调洪防灾"的现代水网体系。推动建立流域内水生态环境保护修复联合防治、联合执法机制。

（2）加强河道整治与滩区治理。加强河流综合治理，持续推进"携手清四乱、保护母亲河"清理整治，开展河道采砂综合整治。加强水土流失综合防治、河道综合治理，完善黄河流域水沙调控、防沙治沙机制。加强滩区土地综合整治和滩区建设深度治理，完成黄河滩区居民迁建，根据黄河下游滩区用途管制政策，因地制宜退还水域岸线空间。开展黄河滩区生态修复综合治理，推进滩区农业种植结构调整，构建滩区生态、生产、生活"三生"融合空间格局。加快推进贯孟堤扩建工程、天然文岩渠综合提升工程，开展控导工程新续建和"二级悬河"治理，降低"地上悬河"洪水风险。创新完善"洪水分级设防、泥沙分区落淤、三滩分区治理"河道和滩区综合治理模式，确保黄河长治久安。

（3）合理利用黄河水资源。落实最严格的水资源管理和取水许可制度，坚持"生态优先、总量控制、空间协调、高效利用"，实施深度节水控水行动，协调河道内外、上中下游的用水关系，统筹利用地表水、地下水、常规水与非常规水、流域水与外调水。完善跨区域水权分配管理体制机制，完善上下游地区协调合作关系，保障黄河不断水、发展不断流。创新各乡镇水权界定、调配和交易机制，推进水资源合理调配、有效利用。推广农业高效节水灌溉和蓄水保水技术，提高低耗水、高耐旱作物种植和节水型畜牧渔业养殖比例，引导适水种植、量水生产。

**2. 构建黄河流域特色生态体系**

全面挖掘生态资源和特色生态要素，加强生态修复与保护，构建堤内绿网、堤外绿廊、城市绿芯的区域生态格局，形成百里画廊、生态长廊，建设更加生态宜居的现代化花园城市。

（1）完善特色生态体系。按照嫩滩生态修复、二滩农业集成、高滩移民建镇的"三滩分治"理念，优化生产、生活、生态空间。沿天然文岩渠右堤淤筑"高滩"联台，安置滩区居民，筑造安全宜居的生活空间。结合"二级悬河"治理和高标准农田整治，因地制宜发展特色农业和乡村旅游产业，形成生态集成特色产业体系。以控导工程内主河槽和嫩滩空间为生态空间核心区域，开展生态保护修复工程，涵养黄河水源和生物环境。统筹河渠、滩区、森林、公园等特色生态资源，构建"一河、一渠、四大区"的生态安全格局，打造集花园、菜园、果园于一体的河岸复合型生态廊道，实现"河滩共赏、大美田园"。围绕黄河及天然文岩渠，修复水生态和水环境，挖掘特色水文化，打造"水文河渠"。立足黄河滩区特色，发展生态经济，开发旅游资源，打造"富美滩区"。加强生态景观提升，美化城市生态空间，建设绿色廊道、生态绿道、彩色林带、特色园林，打造"绿韵林园"。

（2）加快建设可及的生态空间。按照公园城市理念，建设一批标志性公园，提升公园的便捷到达性、体系性和连通性，让更多市民出门见绿。更加注重生态资源空间布局、生态品质和效益的提升，做到"远处有景、近处有绿"。深入实施国土绿化提速行动，大力实施城镇绿化工程，推进中心城区立体绿化，实施老旧小区绿化改造工程。实施腾退还绿、疏解建绿、见缝插绿等微绿工程，建设口袋公园、社区绿地、公共建筑屋顶绿地等小尺度开放绿地。完善城市路网绿化景观，连通绿地生态廊道，扩大城区绿色生态空间。实施千村万户绿化工程，开展村庄绿化美化建设，完善村道、田间生产路、乡村办沟渠等农村林网建设。打造文旅融合的乡村生态经济空间，建设森林乡村、生态乡村和美丽乡村。

### 3. 持续改善环境质量

强化系统保护、源头防控、协同治理，全面落实京津冀污染传输通道城市高标要求，深入实施蓝天、碧水、净土、固体废物资源化利用行动，打好打赢污染防治攻坚战持久战，全面提升生态环境质量，满足人民日益增长的优美生态环境需要。

（1）重点实施蓝天保卫行动。强化多污染物协同控制和区域协同治理，加强 PM2.5 与臭氧协同控制，有效遏制臭氧浓度增长趋势，基本消除重污染天气，创建环境空气质量二级达标县市。严格挥发性有机物产品准入和监控，以起重装备制造、生物医药制造、印务包装等行业为重点，推进挥发性有机污染物全过程综合整治。加强散煤、扬尘、氨等污染控制。全面推进禁燃禁烧防控治理。综合管控机动车尾气污染，禁止不达标车辆过境，强化车油联合管控和非道路移动源污染防治。健全重污染天气联防联控体系和预警应急响应机制，实施重点行业环保绩效分级和差别化管控。

（2）全面实施碧水保卫行动。深化"河（湖）长＋检察长"制改革，完善河湖控制单元达标管理体系，削减水污染物排放总量，基本消除劣 V 类水体。实施城市河流清洁行动，抓好工业水污染防治、农村水环境整治，改善河流水环境质量。加快水污染排放重点行业达标提标改造，完善产业园区污水集中处理设施和配套管网。加强城市河道截污纳管、排污口整治和清淤疏浚，建设"污水零直排区"，推进城镇污水处理提质增效、污水管网全覆盖和污水资源化利用，基本消除城市黑臭水体。实行雨污分流，推进重点地区雨水收集、处理和资源化利用。实行水功能区限制纳污红线管理，开展饮用水水源地环境综合整治。加强水环境监控和应急能力建设，建立健全重大水环境污染

117

事故应急预警系统。

（3）加快实施净土保卫行动。严格农用地土壤分类管理和监测监控，推进受污染耕地安全利用和治理修复。建立土壤环境全过程风险管控体系，加强农业面源污染防治，严格畜禽养殖污染防治。严格化肥农药使用管控，推动化肥使用量零增长，支持发展高效缓（控）释肥等新型肥料。持续开展涉铅、铬、镉、钼等重金属行业企业排查整治，推进产业园区危险废弃物集中利用处置设施建设。建立健全建设用地土壤污染调查和隐患排查机制，防控建设用地环境风险。

（4）强化固体废物治理。全面推行生活垃圾分类制度，建立农村生活垃圾收运处置体系，实现城乡生活垃圾就地分类、收集、转运和处理。使用"互联网＋"移动平台建立再生资源回收与环卫收运系统"两网融合"体系，推进再生资源回收利用。加强白色污染治理，建立塑料制品生产、流通、消费和回收处置等环节管理制度。加强危险废弃物处理设施建设，重点提高涉疫垃圾、医疗废物等危险废弃物处理能力，推进社会源危险废弃物收集处理能力提升。完善垃圾减量制度，建立"押金回收制度"，推进建筑垃圾、城市生活垃圾、主要农业废弃物的源头减量与资源化利用。

**4. 加快推动绿色低碳发展**

坚持"源头减量、过程控制、纵向延伸、横向耦合、末端再生"，全面建立资源高效循环利用和减排制度，构建企业内部小循环、产业园区中循环、社会系统大循环的多层次资源循环利用体系，加快形成资源节约、环境友好的产业结构和生产生活方式。

（1）提高资源利用效率。完善能源消费总量和强度"双控"制度，强化重点用能单位节能管理、重点行业和项目能效准入标准。加快工业、建筑、交通、公共机构等重点领域综合能源改造，推动5G、数据中心等新兴领域能效提升，加快建设园区和重点用能单位智慧节能综合服务平台。推广合同能源管理、能源梯级利用等综合能源服务模式，严格执行高耗能行业产能和能耗等量减量替代制度。严格水资源消耗总量和强度双控，开展农业节水增效、工业节水减排、城乡节水降损三大行动。加快灌区现代化改造，分区域规模化推广高效节水灌溉技术，开展农业用水精细化管理。推进高耗水行业和企业加强废水深度处理和达标再利用，推进企业和园区开展以节水为重点内容的循环化改造，促进企业间串联用水、分质用水，实现一水多用和循环利用。加强国家节水型城市常态化建设，加强生态环境、市政杂用、居民生活用水节水规范化、标准化、精细化管理。强化雨洪水、污水等非常规水资源化利用，严格控制地下水超采。推行能效水效"领跑者"制度，加强先进节能节水技术、产品、设备的推广应用。全面开展建设项目节地评价，加强地上地下复合立体开发，提高土地节约集约利用水平。

（2）持续降低碳排放强度。制定碳排放达峰行动方案，实施以碳强度控制为主、碳排放总量控制为辅的制度，力争如期实现碳达峰。加快提高清洁低碳能源比重。加快重点领域低碳技术推广应用，引导企业自愿减排温室气体，持续开展低碳园区、低碳社区、低碳工程等试点创建。

（3）大力发展循环经济。推进企业循环化改造，在医疗器械、起重装备、建筑防腐材料等重点行业和企业，大力发展循环经济产业链，推行源头减量、清洁生产、资源循环、末端治理的生产方式。建设循环型园区，依托循环经济产业园区、长垣高新技术产业开发区、静脉产业园等产业园区，建设资源共享、能量梯级利用、废物交换利用、水分类利用和循环使用等通道设施。建设循环型社会，构建废旧物资循环利用体系，促进固体废物减量和循环利用，推动生产生活系统资源共享。健全废旧物资回收分拣和循环利用体系，推行生产企业"逆向回收"等模式，推进快递包装可循环、可降解、易回收。实施再生产品和原料推广使用制度，加快推进"无废城市"建设。

（4）促进绿色生产。综合运用环保、能耗、质量、安全等政策，依法淘汰落后产能、化解过剩产能。严格落实强制性清洁生产审核政策，支持推广应用绿色技术，发展高新技术生态工业，壮大节能环保产业。积极发展绿色建筑，推广绿色建材、装配式建筑和钢结构住宅，推进新型建筑工业化发展。开展立体种养、生态循环种植，发展生态循环农业，推进畜禽粪污、秸秆、农膜等资源化利用。加强服务过程中资源能源规范管理及清洁工艺技术与设备的使用，强化服务业废物减量、分类回收以及资源化处置。完善可再生资源和垃圾分类回收体系，提升静脉产业园功能。

（5）推广绿色生活。大力推广节能家电、高效照明产品、节水器具等绿色产品，全面推行绿色产品政府采购制度。大力倡导生态设计和绿色消费理念，减少一次性用品的使用，引导消费者优先采购可循环、易回收、可再生的替代产品。构建安全的步行、自行车出行等慢行系统，鼓励市民绿色、低碳出行。深入开展"光盘行动"，试点餐饮行业绿色账户积分激励机制，在全社会营造浪费可耻、节约为荣的社会风尚。

**5. 建立现代化生态治理体系**

建立健全国土空间规划和用途统筹协调管控制度，落实"三线一单"。健全自然资源产权制度、资源有偿使用和生态补偿制度。创新生态产品价值实现机制，完善市场化、多元化生态补偿，实行更加严格的生态环境损害赔偿制度和自然资源资产损害赔偿制度。全面实行排污许可制，加快推行专业化环境污染第三方治理，推进排污权、用能权、用水权、碳排放权市场化交易。建立健全贯穿大气、水、土壤污染防治全过程的考核评价和奖惩制度，完善领导干部自然资源资产离任审计、环境损害惩治和责任终身追究制度。发展绿色金融，探索建立生态信用行为与金融信贷相挂钩的激励机制。健全差别化电价、峰谷分时电价、居民用水电气阶梯价格、城镇非居民用水超定额累进加价等绿色发展价格政策，完善污水、垃圾、危险废物处理收费政策和收费标准动态调整机制。

# 分报告三

## 长垣科技创新之路

　　长垣科技创新是从零起步的，1978 年长垣全县人均 GDP 只有 156 元，是全国平均水平的 40%。历经改革开放 40 多年的奋起蜕变，长垣完成了"返乡创业—产业集聚—创新升级"的跨越发展之路，科技创新也实现了从模仿复制到自主创新的历史性转变，先后被评为国家新型工业化产业示范基地、中国自主创新示范基地、国家知识产权强县示范县。2020 年，长垣全社会研究与试验发展经费投入强度达到 3.6%，科技进步贡献率高达 70.6%，高新技术企业数量达到 83 家，高新技术产业增加值占规上工业增加值比重达到 93.5%，经济总量跃居新乡县（市）首位、省直管县第 3 位。

　　改革开放以来，长垣科技创新经历了从起步期到增长期再到跨越期的三阶段演进。"外出务工"和"返乡创业"是长垣从改革开放到 20 世纪 90 年代初期的主要特征，拥有一技之长的返乡创业人员迸发出强大的发展潜力，产业技术水平实现了初步积累，民营经济创新创业构成了长垣发展起步期的活力。20 世纪 90 年代中期到 21 世纪初是长垣创新发展的快速增长期，产业集聚区和园区成为长垣创新发展的主要载体，企业与高校院所的合作创新模式逐渐成型，技术创新路线也由模仿竞争逐步走向具备知识产权的技术升级。在政府引导和市场发育的双重作用下，2005 年以后，长垣真正进入创新驱动引领经济增长的跨越式成长期，在自主创新、开放创新的战略引领下，一批重大专项、技术成果实现了技术引领和前沿突破，产业创新能力实现跃升。

# 一 长垣科技创新发展历程

## （一）起步期：返乡创业形成民营经济活力

"打工之路就是创业之路"，从改革开放到 20 世纪 90 年代初期是长垣民营经济发展的重要起步期。作为典型的农业大县、财政穷县，恶劣的生存条件倒逼长垣农民很早就开始外出从事泥瓦匠、厨师、小商品销售等活动，形成了强烈的商品经济意识。20 世纪 80 年代，长垣县委、县政府提出将劳务经济作为"富民强县"的重点工作来抓，形成了"十万大军出长垣、白手起家打天下"的外出务工局面。随着原始资本、技术胆识、市场经验的积累，20世纪80年代末90年代初一批创业意识觉醒的在外务工人员选择返乡创业。长垣第一家起重机厂——河南省新乡市矿山起重机厂于1987年成立，飘安集团于1989年创建。在这一关键发展节点上，长垣及时推出了以"资金、技术、人才、项目、信息还乡"为主要内容的"回归工程"，劳务经济在返乡创业的政策动员下，转化为长垣民营经济发展的原始活力。长垣第一批返乡创业企业家群体在以市场为导向的需求拉动下，成为长垣发展起步期的经济活力，奠定了长垣防腐、起重、建筑、卫材产业发展的坚实基础。

这一阶段的企业基本上没有技术创新和知识产权意识，销售员和技术工人是企业发展的主要保障。长垣企业家大多脱胎于市场推销员，"先跑市场，再建工厂"成为长垣企业家成长的一般路径。卫华集团董事长韩宪保卖过铁钉、维修过千斤顶，飘安集团创始人王纪勇利用推销卫生材料积累的资金和经验创办了企业，驼人集团创始人王国胜在创办企业之前做了多年的兽医和卫生材料推销工作。另外，这一时期的技术创新更多体现为拥有技能型技术和技能型工人。为了提升技术人才的发展水平，1978年，长垣县政府与化工部兰州化机院签订了技术协作合同，由化机院提供技术培训、业务咨询，并在1987~1989年进行大规模技术培训和广泛技术协作，先后选派200多人到兰州化机院、北京化工学院、北京科技大学、南开大学等进修培训，产业技术水平在这一阶段实现了积累和提升。

### （二）增长期：通过制度创新推动自主创新

20 世纪 90 年代中期到 21 世纪初是长垣创新发展的快速增长期。在"科技强县、科教兴县"战略和"创新、产业化"的工作思路下，长垣充分发挥产业集聚区和园区作为创新发展载体的作用，积极引导企业通过建立现代企业制度实现规范经营，通过完善知识产权制度促进专利"增量提质"。经过广泛的组织和动员，长垣民营企业的创新意识不断强化、创新能力显著提升。截至 2004 年，长垣高新技术企业数量达到 3 家，各类科研机构达到 50 家，技术研究中心有 2 家，专利申请数达到 124 项。飘安集团生态医用棉项目获得发明专利，并荣获河南省科技进步三等奖，被列入国家火炬计划。与此同时，科技创新助力产业发展和经济增长的效应初步显现，2004 年，长垣民营企业达到 2148 家，GDP 完成 48.1 亿元，财政收入实现 1.43 亿元。2002 年，长垣被国家防腐蚀协会命名为"中国防腐之乡"；2006 年，长垣被中国重型机械工业协会授予"中国起重机械之乡"的称号；2007 年，长垣成功跻身"中国中部经济百强县"。

返乡创业企业一开始往往以"前店后厂"、家族式企业的形式分散布局在各个乡镇，呈现发展模式粗放、创新意识薄弱、产业零散布局、公共配套残缺等典型的块状经济特征。为了打通要素融通边界、强化创新协同效应，20世纪90年代中期，长垣确定了建立特色民营科技工业园区、推动产业集群发展的思路，先后设立了起重机械工业园区、卫材工业园区，重点打造具有创新外溢、产业集聚、链条完善、配套完备、效益突出特点的现代产业集群，特色民营科技工业园区成为长垣创新发展的主要载体。2005年，起重机械工业园区成为河南首批4家民营科技园区之一。在推动企业经营模式变革方面，长垣政府适时确立了"个体起步、股份推进、突出特色、规模经营"的发展思路，引导企业实施产权制度改革和管理制度创新，通过股份合作、所有权与经营权分离等方式建立现代企业制度，突破家庭作坊式发展模式。同时，为了强化企业自主创新意识，长垣确立了知识产权发展战略，把发展自主知识产权作为打造县域经济核心竞争力的关键来抓，通过制度创新、政策激励、高效执法等方式，加强民营企业的专利保护意识，提高其创造和利用专利的能力，引导企业从数量型增长向产品的技术附加值提升转变。2005年，长垣被省委、省政府命名为河南省知识产权试点县。

### （三）跨越期：创新驱动构筑区域发展位势

进入"十一五"以后，创新驱动成为长垣政府和企业的普遍共识。长垣县委、县政府先后制定了《长垣县"十一五"科技发展规划》《关于加强科技创新促进经济发展的决定》《关于实施质量兴县工业强县科技创新战略》等系列文件，积极推进产学研合作，建立技术引进和技术创新支持体系；注重加大政府科技投入，确保财政科技投入每年都有较大幅度的增长；发挥企业作为自主创新方面的投入主体、研发主体、受益主体和风险承担主体的作用，落实自主创新奖励政策。围绕"创新长垣"建设目标，坚持自主创新、开放创新战略，以华大基因研究院长垣分院等5个科研院所为战略支点，通过招商引资、招才引智，推动创新人才、创新项目与本地产业深度结合。在创新驱动战略的实施下，长垣一批重大专项、技术成果实现技术引领和前沿突破，长垣产业发展逐步实现由基础性产业集聚向创新性产业集群升级。2012年，驼人集团承担国家"十二五"科技支撑计划项目"新增塑剂的生物医用材料"。2016年，驼人集团将该项创新成功转化，填补了国内没有替代邻苯二甲酸二异辛酯（DEHP）产品的空白。河南卫华攻关的防摇摆自动定位技术达到世界领先水平，填补了我国起重机行业在防摇摆自动定位控制技术领域的空白。

科技创新成果持续涌现，推动产业创新发展提质提效。2020年，长垣市全社会研究与试验经费投入强度达到3.6%，位于全省县（市）前列。截至目前，长垣拥有省级以上创新型企业达到295家（项），其中国家高新技术企业83家、国家工业品牌示范企业3家、国家质量标杆企业

6 家、国家"专精特新"小巨人企业 5 家、国家技术创新示范企业 1 家、省级创新龙头企业 3 家、省质量标杆 19 个等；省级以上创新平台达到 111 个，其中国家认可的实验室 1 家、起重机械轻量化设计国家研究中心 1 家、国家级众创空间 1 家、国家级星创天地 1 家、省制造业创新中心 2 家、省产业技术创新联盟 2 家、省重点实验室 3 家、省重大新型研发机构 1 家、省新型研发机构 3 家等；获得创新型成果 200 项以上，其中省科技进步奖 9 项、省专利奖 3 项、省首台（套）重大装备认定 10 项、省重大创新示范专项 5 项等；与 10 位院士、15 位中原学者等国家级高端人才建立合作关系，与 86 家高校、科研院所、高能级研发平台建立产学研用合作关系。

## 二　解码长垣科技创新之路

### （一）企业是创新发展进程中的主力军

长垣始终坚持将企业作为创新主体，在工业资源、科教智力资源匮乏的情况下，依靠民营经济和市场创新走出了一条依靠企业内生研发力量的创新发展之路。坚持市场导向和产业化目标，推动企业技术创新能力的进阶式提升，在民营经济起步阶段，开展了大规模技术培训和广泛技术协作，有效积累和提升了企业的基础技术能力。在企业规范发展阶段，针对民营企业创新能力不足的问题，通过实施知识产权战略，不断提升企业的自主创新意识和创新能力，推动企业由生产型向研发型转变。在创新驱动阶段，实行科研项目"揭榜挂帅"和"里程碑式管理"，建立了创新需求公开征集、关键技术清单定期发布制度，通过"揭榜挂帅"机制促进企业内外部创新资源的融通，提升企业整合各种创新要素的能力，加快关键核心技术攻关。同时，以市场需求为起点提炼总结创新项目，再将研发创新项目交由科技企业，通过逆向创新运营和资本运作，加速科技成果的产业化。

## （二）产业链、创新链螺旋式推进价值链攀升

推动创新链和产业链精准对接、双向融合，是长垣不断推进价值链攀升、实现经济高质量发展的重要选择。长垣始终保持聚焦特色优势产业，结合每个时期产业发展特点，科学编制起重装备制造、医疗器械等特色优势产业发展规划，形成了以重点企业为龙头、中小企业为配套，产业布局集中、研发生产营销服务等上下游协同推进、链条健全的发展格局。2017 年以来，长垣政府出台了《长垣县加强创新驱动促进产业提升发展实施意见的通知》等一系列支持企业发展、加大科技投入相关政策规定，在智能制造、科技创新、质量提升、人才兴业、标准引领、品牌创建等方面进行激励，特别是重点支持奖励国家及省级创新型企业平台、机

构、人才及重大创新专项、科技攻关项目，通过产业链与创新链融合发展，全力构建具有长垣特色的现代化经济体系。围绕重点产业、聚焦重点环节、依托重点企业，瞄准颠覆性技术、紧盯前沿引领技术、突出关键共性技术、强化现代工程技术，上下结合、部门协同，截至 2020 年底，累计实施长垣创新应用专项 36 项，其中 3 项进入省创新应用专项，4 项进入省创新示范专项，长垣支柱产业核心技术不断取得新突破，创新成果实现了快速产业化转化。

### （三）制度改革营造良好的创新发展环境

诱致性制度变迁对长垣经济增长和科技创新实力提升起到重要作用。诱致性制度变迁指现行制度安排的变化或替代，或者是新制度安排的创造，它由个人或一群人，在响应获利机会时自发倡导、组织和实行。民营经济发展初期，长垣就实行了负面清单制度，除了国家明令禁止的行业外，全部向非公有制企业开放，并陆续出台了一系列鼓励民营经济发展的政策，基本上可以概括为"三满足"、"四不限"、"五放宽"和"六允许"①。同时，长垣是全国较早的市管区，也是全省唯一县（市）科技体制综合改革

---

① "三满足"指满足投资者的创业感、满足投资者的社会地位、满足投资者的成就感；"四不限"指发展范围不限、发展形式不限、发展速度不限、发展规模不限；"五放宽"指放宽从业对象、放宽经营范围和方式、放宽登记条件、放宽信贷、放宽用地政策；"六允许"指允许冠大名称，允许使用圆形图章，允许参加信用评估，允许不动产和实物抵押贷款，允许组建企业集团，允许购买、租赁、兼并国有集体企业。

试点。2003 年，长垣起重机械工业园区就已经实现凡是涉及县里能用的权力统统给园区，凡是园区的经济收益统统全收全返，凡是园区需要的业务骨干统统调给园区。目前，长垣正在推进以产业集聚区为重点，完善"全员聘任制、绩效考核制、薪酬激励制"三制改革，创新薪酬管理体系和绩效考核体系，形成竞争激励机制。这一系列诱致性创新制度的形成，为长垣科技创新、活力释放提供了稳定的制度保障。

## （四）知识产权为自主创新打下坚实基础

长垣是河南省知识产权试点县（市）、河南省首批知识产权优势区域县、河南省唯一的国家知识产权强县工程示范县。多年来，长垣坚持把发展知识产权作为打造县域经济的核心竞争力，持续强化知识产权的数量、质量和运用能力。一是完善专利知识产权管理体制机制，出台《长垣县保护知识产权专项行动工作方案》《长垣县知识产权试点实施方案》等政策文件，将知识产权工作列入县科技与经济发展评价体系，逐步建立完善了知识产权管理与经济、科技、经贸管理相互融合、协调的工作机制。二是建立知识产权正向激励机制，先后出台《长垣县科学技术进步奖励办法》《长垣县专利申请资助资金管理办法》等创新激励政策，加大对授权发明专利、实用新型专利、外观设计专利的支持力度。凡是申报政府扶持的科研项目，立项前都要进行专利检索，验收时要把知识产权产出作为主要评审内容。三是提升知识产权执法能力，依托河南省知识产权维权援助（长垣）分中心，建立起全方位的知识产权保护体系，健全知识产权侵权惩罚性赔偿制度，建立完善跨区域、高效率、远程化的快速投诉维权机制，建设知识产权强市。四是加强知识产权保护和运用，建立健全知识产权"价值评估－交易撮合－风险分担－收储运营"新型运营服务体系，推动知识产权商品化、市场化、资本化。

### （五）突出人才在创新中的战略资源地位

全面实施以人才战略带动人口结构优化的重大举措。多年来，长垣建立了涵盖返乡人员、高层次人才、产业应用人才、基础研究人才、技术人才和管理人才等多元化的人才政策体系。为了吸引长垣外出务工人员回家乡创业，长垣县委、县政府很早就推出以资金、技术、人才、项目、信息还乡为主要内容的"回归工程"，并在场地、资金等方面对回乡创业者予以扶持。在"回归工程"的感召下，大批外出务工人员纷纷回家乡创业，并在创业过程中促使创业群体不断发展壮大。"十三五"以来，长垣相继出台《长垣县"双百人才"管理办法》、《长垣县高层次人才管理办法》、《长垣县加强创新驱动促进产业提升发展实施意见》和《关于大力实施人才强县战略的决定》，在买房补贴、租房租金减免、家人落户办理、阶梯性政府特殊津贴等方面给予全方位的配套支持。截至 2020 年底，全市有专业技术人员 20668 名，涉及卫生、中小学、工程、农业、经济等共计 15 个系列；引进外聘高层次人才 323 人，其中博士 11 人、硕士 140 人、有副高级以上职称 172 人；拥有院士工作站 7 家，博士后工作站 2 家，博士后研发基地 1 家。

### （六）创业载体加速孵化育成科创企业

孵化器、众创空间等创业载体通过提供多样化的服务平台、推动开放式创新、促进创业服务的市场化，可以为创新创业生态系统中的主体提供较全面的服务，促进各类创新资源的流动和链接，并激发各类技术创新、商业模式创新、业态融合创新，是培育科技型中小企业、促进科技成果转化的有效途径。长垣政府推动建立了"众创空间—孵化器—加速器—产业园区"链条式孵化载体，积极鼓励各类主体建设众创空间、科技企业孵化器、加速器、"双创"基地等各类创新创业孵化平台，小微企业创业园、烹饪学院大学生创业孵化园、乡镇创业园区等创业创新平台功能持续提升。重视政府引导和政策扶持，强化对孵化载体服务数量、效果以及孵化成效等指标的考核，基于考核结果给予运行经费支持，经省级认定的创新型孵化器、科技型孵化器、众创空间，连续 3 年给予房租补贴。截至目前，长垣共有省级专业化众创空间 2 家，全市创业孵化绩效持续优化，累计培育国家科技型中小企业 60 家。

## （七）开放协同创新嵌入全国创新网络

作为科教智力资源匮乏区域，长垣始终坚持开放创新理念，以开放式创新链接全国创新资源，促进多元创新主体深度融合，实现高校院所的技术研究与企业发展的技术需求相结合，加速科技成果的市场化转化。成立科技工作领导小组，统一部署全市科技工作，先后制定《长垣县关于加强科技创新促进经济发展的决定》《关于实施质量兴县工业强县科技创新战略的意见》《长垣县创新发展积分管理细则》《关于实施河南省创新驱动提速增效工程的意见》，从民营企业创新能力不足的实际出发，引导校企联姻，深入推进产学研合作。2001 年，飘安集团投资 7500 万元与上海东华大学联合研制开发了年产 3000 吨的 E·P－A 新型环保医用卫材生产线，公司逐步向高科技新产品领域迈进。2009 年，驼人麻醉耗材产学研专项基金正式运行，每年在全国范围内征集产学研创新项目，以临床需求为导向，以医疗器械生产企业为主体，医护人员、研发团队、生产企业实现了资源整合，驼人集团进入了创新发展的快车道。目前，长垣已与省内外百余所大专院校、科研机构开展合作，全市规模以上大中型企业均建有技术研发机构。

## （八）前瞻布局"四新"前沿技术领域

长垣主动适应和引领新技术发展趋势、新经济发展方向，在建设智能起重装备、高值医疗器械、建筑防腐等产业发展高地的同时，积极布局5G、大数据、工业互联网等技术领域，目前全市拥有国家制造业与工业互联网融合创新试点示范企业3家，国家两化融合贯标试点企业3家，国家两化融合管理体系贯标认证企业14家，省智能制造标杆企业2家。卫华集团的"面向物流装备行业的大数据管理系统研发与产业化"项目入围2020年大数据产业发展试点示范项目名单。同时，加快推进建筑业、工业、服务业、农业数字化转型，以数字化促进产业转型升级、提质发展。在数字建造领域，积极应用建筑信息模型（BIM）技术，推动建筑结构、装配施工、装饰装修等一体化集成设计，鼓励建筑机器人、智能控制造楼机等智能化施工设施应用。在制造业数字化转型方面，引导有基础、有条件的企业开展以设备换芯、生产换线、机器换工为核心的智能化改造，加强汽车零部件数字孪生工厂建设，打造融合原材料供应链、整车制造生产链、汽车销售服务链的大批量定制化生产新模式。

## 三 科技创新之典型案例

### （一）单项冠军示范企业：卫华集团制造业崛起

制造业单项冠军企业是指长期专注于制造业某些特定

细分产品市场，生产技术或工艺国际领先，单项产品市场占有率位居全球前列的企业，代表着全球细分行业最高的发展水平、最强的市场实力，处于制造企业的"第一方阵"，是推动制造业转型提升、创新发展的主力军。作为起重行业领军企业，卫华集团长期深耕起重机械领域，坚持自主创新，以绿色化、智能化、定制化、网络化为发展方向，持续推动企业高质量发展。2017 年，卫华集团成功申报"制造业单项冠军示范企业"，充分展现了集团在起重机械行业强大的竞争优势与综合实力。

## 1. "深耕细作"构筑行业领先地位

卫华集团有限公司是我国重型装备行业起重物流装备制造领域的龙头企业。成立 32 年来，公司专注于桥门式起重机等起重设备的生产，主导产品有桥式起重机、门式起重机、港口起重机、矿山机械、立体车库等十大系列 200 多个品种，其中桥式、门式起重机产销量连续 13 年蝉联全国第一。卫华集团的产品及业务覆盖机械、冶金、矿山、电力、铁路、航天等多个行业，先后服务于中国核电、中国中煤、西气东输、南水北调等数千家大型企业和国家重点工程，并远销美国、英国、俄罗斯等 130 个国家和地区。目前，卫华集团已发展成为中国桥门式起重行业产销量最大、品牌影响力最强、最具竞争力的大型物流装备制造企业集团之一，对全国桥门式起重机行业起到了引导市场、带动产业发展和创新的龙头作用。

### 2. 以技术创新打造核心竞争优势

卫华集团坚持创新驱动，高度重视技术研发与创新，组建了国内起重机行业最大的研发队伍，积极创建起重装备轻量化设计国家地方联合工程研究中心、国家企业技术中心、国家认可实验室等一系列技术创新平台。以此为依托，卫华集团建立了起重机械行业唯一的专利数据库，截至 2019 年底，累计获得专利授权 822 项，其中发明专利 88 项，专利的授权总量占全国主要 22 家桥门式起重机生产企业的 41.18%。近年来，卫华集团获得国家、省市级科技成果 91 项，主持和参与制定国际、国家及行业标准 71 项，企业技术研发和创新能力处于国内起重机械行业绝对领先地位，多项成果处于国际领先水平。

### 3. 智能升级赋能企业创新发展

卫华集团面向起重装备制造业数字化、网络化、智能化需求，率先将工业互联网、云计算、大数据等技术应用于起重机行业，研发建设了"起重装备行业工业互联网平台"。卫华集团大数据工业互联网平台主要分为外部大数据、内部大数据、制造大数据与产品大数据四大部分，具有起重设备产品数据整体统计、产品工况实时监控、历史数据查询、产品故障快速维修等十大功能，通过海量数据的采集、汇聚、分析，实现起重设备远程监控、故障诊断、预测性维护等远程运维服务应用，实时追踪并优化产品运行状态，彻底改变起重设备运维服务模式，全面降低起重机重大安全事故发生率，提升设备运维效率和产品服务价值，形成多方参与、合作共赢、协同演进的起重装备制造业新生态。

## （二）开放式创新：驼人集团产学研协同创新驱动模式

驼人集团始建于 1993 年，是一家专业从事麻醉、疼痛、护理、检测、血液净化、微创介入、外科、专科超声等一次性医疗器械生产经营的现代化企业集团。集团下属 55 家生产、研发及经营性企业，并在全国 32 个省份设立了销售子公司。现有 4 个生产基地（长垣三处、深圳一处），一个研究院，总占地面积 750 亩，有员工 5000 余人，并安排残疾职工近 500 人。拥有国家认定企业技术中心、河南省医用高分子材料技术与应用重点实验室、"全国工业质量标杆企业"、"全国工业品牌示范企业"、"河南省首批创新龙头企业"、"河南省首批制造业创新中心"等国家和省级荣誉 60 余项，参与起草国家行业标准 8 项，是中国医学耗材整合联盟理事长单位、中国生物医学工程学会副理事长单位、河南省医疗器械商会会长单位。

驼人集团于 2008 年推出医学领域产学研一体化发展项目，2009 年投入 300 万元项目资金，在全国范围内征集产学研创新项目，并在开封成功举办了"首届医学领域麻醉耗材产学研一体化发展高峰论坛"。2011 年，国家科技部科学技术奖励工作办公室正式设立了"驼人医疗器械科技创新奖",标志着驼人集团产学研创新一体化发展得到了国家的支持与认可。

**1. 坚持创新驱动,推动"产学研"一体化**

驼人集团积极推动医学领域产学研一体化发展项目,每年召开全国性的麻醉和护理产学研创新大赛,征集麻醉和护理等方面的创新项目,增进医护人员与生产企业的双向沟通,对于通过项目评审确立合作关系的项目,驼人集团与项目持有人签订初步合作协议,采取技术专利入股或技术专利买断的方式,保护项目持有者的知识产权。同时,企业研究院与项目持有人保持联系,聘请科研院所专家进行实地指导,由研究院进行前期产品设计,小批量生产后通过调研逐步投放市场。在这一过程中,以临床需求为导向,以医疗器械生产企业为主体,推动从事临床实践的医护人员与工程技术人员紧密结合,有效调动了各环节人员的自主创新积极性,推动了医疗器械科技的创新发展。

**2. 推动资源共享,支持双创发展**

驼人集团充分发挥自身从原材料到产品设计、模具设计、生产设计、营销体系的全产业链资源优势,建立了河南省医用高分子材料技术与应用重点实验室等众多研发平台,并于2016年开始运营医用高分子材料及制品专业化众创空间,为创新创业提供有力支撑。驼人集团拥有精密挤出机、注塑机、差示扫描量热仪等一大批先进的实验与检测仪器设备,同时,建有模具设计、智能制造中心,可以对私密或者定制的器械进行设计制造生产。为满足创业者科研设备硬件设施需求，驼人集团对外成立了创新创业服务中心。医用高分子材料及制品专业化众创空间通过充实技术研发平台、建设众创成果孵化平台，向社会开放专业化共享资源，加强创业创新资源共享与合作，构建了开放式创业创新体系。目前入驻企业54家，其中成功孵化3家高新技术企业，1家工信部"专精特新"小巨人企业，1家科技型中小企业。2016年，该载体获批河南省医用高分子材料及制品专业化众创空间。

**3. 建设健康科技产业园，投身二次创业**

2012年，驼人集团投资20亿元建设了第三个生产基地——驼人健康科技产业园。产业园占地面积500亩，以血液透析、微创介入、检验检测、外科器械为主导产业，融合智能制造、电子商务、科技孵化、创新创业、物流仓储、文化娱乐等，旨在打造医疗器械中国知名生产基地，建成除大型医疗设备外的生产经营集散地。随着驼人集团总部迁入驼人健康科技产业园，标志着驼人集团正式拉起了二次创业的大旗，为日后的跨越式发展奠定了坚实基础。驼人集团承接的两项国家科技支撑计划"小口径人造血管"和"新增塑剂的医用材料"项目，获得了国家科技部960万元项目资金。

**（三）创新管理"工具包"：创新发展积分管理机制**

"企业创新积分制"源于地方科技管理工作实践。张家港市早在 2015 年率先探索企业创新积分管理措施。2020 年以来，全国多地以更好地服务科技企业、激发区域创新活力为导向，着手开展"企业创新积分制"探索，依托多维度的指标体系进行创新积分管理，并根据积分结果完成多项配套政策的集中兑现，在企业创新能力量化评价及创新积分应用方面形成了可供借鉴的实践经验。2019 年，长垣发布《长垣县创新发展积分管理细则（修订）》，对企事业（个人）实行创新发展积分管理机制，设立人才兴业奖、科技创新奖、质量管理奖、投入产出奖、三产贡献奖，采用指标量化的办法对企业进行评估积分。

**1. 整合政策资源，打造创新政策"工具包"**

长垣市通过整合人社局、科工信局、市场监督管理局、金融工作局、商务局等部门的政策资源，从企业人才引进、科技创新、质量管理等方面入手，设立人才兴业奖、科技创新奖、质量管理奖、投入产出奖、三产贡献奖五大类别共计 47 个评价指标，汇集分散在各管理部门的企业数据，对企业实行动态积分管理，从而根据企业积分情况兑付相应的资助扶持政策。"创新发展积分"的实施解决了以往扶持政策部门化、碎片化、单一化等问题，有效整合了政府各部门的创新资源、奖励政策，促进扶持政策"工具包"的系统集成，实现了创新政策"一本通"、财政扶持"一账清"。

## 2. 构建企业画像，推进精准高效施策

"创新发展积分"作为一种企业定量评价、非财政、非金融的新型政策工具，是长垣市政府精准支持企业创新发展的新型服务企业举措。依托创新发展积分管理，政府能够全面有效地量化评价企业经营发展和创新活动情况，包括企业高层次人才引进、产学研合作、科技成果转化、知识产权资质等，构建企业创新发展画像，加快识别出一批研发能力强、成长潜力大、掌握关键核心技术的企业，针对重点企业实施精准支持、量化支持，优化政策资源的合理配置，助力企业创新发展，增进政企之间的良性互动。

## 3. 激发企业动能，营造浓厚创新氛围

创新发展积分的量化为政府科学合理配置政策资源提供了依据，同时形成了长垣市企业创新发展"一张表""成绩单"。参照指标评估体系，企业能够对自身创新发展实力及长短板进行科学研判，形成清晰的"自我认知"，进而提升自身参与科技创新、增强创新实力的积极性，有意识地布局特定科技创新领域，推动争先创优创新氛围的形成，促进长垣企业创新能力整体提升。

## （四）企业抗疫：发挥全国卫材之乡的使命担当

长垣市是全国的卫材生产基地之一。新冠肺炎疫情暴发以来，长垣在肩负疫情防控工作的同时，在助力打赢防控物资保障战中也发挥了重要作用。疫情期间，全力保障

防疫物资生产供应，累计调拨、支援医用防护服 109.05 万套、医用口罩 2.18 亿只，圆满完成国家和省调拨任务，取得疫情防控战场和物资保供战场的双胜利，为全国疫情防控做出重要贡献。武汉市委、市政府发来感谢信，国务院物资保障组向飘安集团、亚都实业、华西卫材、亿信医疗等企业致信感谢。亚都实业公司、驼人集团王国胜、健琪集团田书增分别荣获"全国抗疫先进集体""全国抗疫先进个人""全国抗疫民营经济先进个人"称号。

**1. 发挥卫材之乡的使命担当**

新冠肺炎疫情暴发初期，长垣市 46 家卫材企业被国家工信部列为应对新冠肺炎医疗重点物资指定生产企业。为应对疫情的持续蔓延，解决全国各地医疗防护物资短缺问题，长垣市政府主动为企业提供服务保障，实行原材料统一采购、统一收储、统一调度，企业积极扩产增能，满负荷运转，日产医用口罩 600 万只，医用防护服 4 万套。截至 2020 年 4 月底，累计向武汉调拨医用防护服 89.95 万套、医用防护口罩 149.93 万只，向国家及省调拨医用外科口罩 10535.1 万只，圆满完成了国家发改委对省外口罩、国家工信部对省外防护服以及河南省"新冠肺炎"疫情防控指挥部对省内口罩、防护服的调拨及市场供应任务，为全国的抗疫斗争构筑了坚实的后盾。

**2. 打造科技抗疫的硬核支撑**

面对疫情的严峻形势，长垣市企业加快开展科技抗疫攻关，加大防疫抗疫"利器"的研发力度，卫华集团火速上线防疫大数据平台，通过大数据精准分析、网格化地毯式追踪管理，平均每天检测人员健康数据8329人次，实现动态感知与监控疫情态势，实时分析追踪复工复产、防控物资供需情况，为疫情防控提供保障，同时研发出室内、室外两款消毒机器人，为一线医护和防疫人员提供支援。驼人集团研发出"新型全方位功能型头面部防护装置"，在为一线医护人员建立更有效的防护屏障的同时，避免了医护人员佩戴护目镜和口罩造成压痕，受到医护人员的青睐。

### 3. 强化资金政策的有效供给

长垣市财政局积极与商务局、工信局等部门沟通，全面摸排企业存在的困难问题，开通资金拨付绿色通道，多措并举强化资金保障。一是加大对企业的资金补助，根据生产医用口罩和防护服企业的产能、产量、调拨量、生产能力等，对企业进行生产补助，截至2020年2月底，为重点企业拨付生产补助资金1689万元。二是落实企业生活保障，拨付100万元，用于防控期间对卫材企业提供肉蛋蔬菜等生活必需品的保障供应。三是支持项目技术攻关。积极与省财政厅沟通协调，争取新型冠状病毒防控应急攻关项目启动经费120万元，支持驼人集团研发疫情防护产品辐照灭菌和新型全方位功能型头面部防护装置项目。

### （五）创业载体：蒲汇国家级众创空间

众创空间作为创新创业的重要载体，通过提供多样化的服务平台、推动开放式创新、促进创业服务的市场化，能够为创新创业生态系统中的主体提供较全面的服务，促进各类创新资源的流动和链接，并激发各类技术创新、商业模式创新、业态融合创新。蒲汇众创空间成立于2017年，是南蒲街道重点招商引智项目，是汇聚各类创新要素资源与创客资源的开放式共享众创空间，建筑面积达2100平方米，拥有功能齐全的各类型办公室、会议室、会客区、展示厅、培训路演厅、咖啡吧等，可容纳60余个常驻创业团队，主要的战略合作伙伴包括国家级众创空间郑州科斗众创空间、北京天使助孵化器管理公司、上海复旦大学大数据实验室等。2020年，蒲汇众创空间被评为国家级众创空间。

**1. 服务本地发展，打造长垣人自己的创客之家**

依托长垣市政府和南蒲街道办事处政策支持，蒲汇众创空间以"长垣人好，长垣人爱创业"的鲜明主题打造长垣人自己的创客之家，通过帮助本地人创业、小微企业升级、外部引入嫁接合作的方式进行众创空间的招商运营和服务。同时，精准聚焦长垣地方主导产业，以万亿级的大健康产业以及县域其他主导产业为核心，嫁接北上广深智力智慧、产业技术和创新创意等高端资源，实现创业项目孵化的专业化、精细化，为长垣青年创业者打造了一个具有活力与潜力的优质创业平台。

**2. 链接优质资源，提供综合孵化服务**

蒲汇众创空间结合本地大健康产业、防腐新材、柔性生产、装备应用、跨境电商、上市管理等全生态资源，积极链接北上广深等一线城市优质资源与智力，为创业者提供多样化的创业服务。一是联合国内智力服务机构，为创业者提供培训服务以及咨询服务，并形成公司稳定的现金流。二是技术嫁接与孵化，与文化部中国民族文化公益基金会"百名博士帮扶计划"合作，推动百名博士帮扶长垣主导产业的工作，将优质的发明专利、核心技术、软件著作权等与长垣市医疗器械、防腐蚀、起重机等产业进行对接孵化。三是为长垣当地创业者或创二代提供创业服务，以及选择创业导师指导、开展创业培训、提供办公场地、提供人事财务等支持服务。四是注重各类信息技术的应用，为长垣中小企业提供小程序开发、App 开发、软件开发、物联网技术等服务，提升企业基于不同场景的信息化程度。五是投融资服务，与长垣市政府共同设立产业基金或创投基金，为中小企业解决融资难、融资贵的问题。

**3. 助力创新创业，发展成效显著**

依托长垣产业聚集区优势，蒲汇众创空间成功引入产业相关高校产学研项目、入驻项目等 30 余个，孵化了巨人无人车、活性益生菌研发生产、九牛大数据等多个项目，有效激发了长垣创业者的创业潜能与创新活力。同时积极举办各类创新创业活动，持续举办了两届长垣智能制造论坛会，营造了良好的创新创业氛围，获得了政府、企业及社会的广泛认可与肯定。

### （六）"5G＋"场景：产业应用场景全面开花

长垣 5G 网络建设起步较早，2019 年 1 月 29 日全省第一个县域 5G 基站（联通）在卫华集团开通。2020 年以来，长垣市认真贯彻落实《河南省加快 5G 产业发展三年行动计划（2020－2022 年）》，按照《河南省推进"5G＋工业互联网"融合发展实施方案》的要求，深入拓展 5G 应用场景，加快构建 5G 应用生态，扎实推进应用与产业互动发展。长垣成立了加快 5G 网络建设和产业发展工作领导小组，出台《长垣市加快 5G 产业发展三年行动计划（2020～2022 年）》等规范性文件，深入拓展 5G 应用场景，"5G＋智能制造""5G＋智慧医疗""5G＋智慧教育"等应用场景服务全面发展。

### 1. 卫华集团基于 5G 智能装备及大数据技术的互联网示范平台项目

该项目立足于卫华集团大数据中心，建设移动协同业务系统、共享服务平台、数据分析系统，通过 IT 平台来强化内部控制、降低风险、提高效率，实现"协同业务、集中管控"。主要内容包括：5G＋工业互联网平台研发、

5G+智能立体车库应用、5G+机器人等。将5G模组、设备状态数字孪生、数字驱动控制、PLC可编程控制技术、变频调速技术、伺服电机驱动技术等高度集成到物流装备上，通过"工业互联网平台+5G"实现物流装备操作自动化、控制数字化、物联网络化、运维远程化等，具备可在5G网络环境下接受第三方测试验证的条件。

**2. 河南卫华重型机械股份有限公司基于5G技术的起重物流装备智能制造产业园项目**

该项目基于5G产业园的互联网技术研究，建设开放的通信网络平台，把园区设备、生产线、员工、工厂、仓库、供应商、产品和客户紧密地连接起来，共享工业生产全流程的各种要素资源，提高效率，推动整个制造服务体系智能化。基于5G网络通信的信息化技术及边缘计算技术，实现数字设备与传统设备的有效互联，并通过边缘计算技术，实现数据的高效汇集、分析、计算、应用、执行，满足5G数字化工厂的数据应用和管理需求。设计基于5G的起重机关键零件焊接机器人生产线，形成产线场景应用；构建基于5G的智能制造新模式体系，满足5G多场景应用体系；研发基于5G的云边协同生产链系统故障诊断技术，形成产业链关键设备TPM管理；研发基于5G的产业园全产业链图像信息实时场景展示技术，无须任何编程即可创建生产设备监控画面、仪表盘、分析曲线、数据报表等内容，并实现数据源高效连接；通过对基于5G的智能制造运行安全信息控制技术研究，建立设备安全、数据安全和系统安全系统；基于 5G 的供应链优化技术，实现敏捷供应链；最终形成基于 5G 的智慧园区建设，在生产制造、物流仓储、资产盘点、移动巡检以及产品、设备、装备等数据采集、调度、远程控制与维护、供应链物流等领域全面开展5G 应用。

### 3. 河南宏力医院智慧医院之应急体系建设项目

通过 5G 网络实时传输医疗设备监测信息，包括用直升机、救护车实时定位信息及视频监控、实时录像、音视频急救会诊、紧急报警与调度、电子地图、患者信息建档等。目前医院已配备 3 辆直升机、8 辆救护车、专业急救医务人员（含司机调度）65 名，通过 5G 技术可实现：急救现场通过无线网络将患者生命体征和危急报警信息传输至远端专家侧，获得专家远程指导。远程监护也能够使医院在第一时间掌握患者病情，提前制定急救方案并进行资源准备；实现院前急救与院内救治的无缝对接。通过 5G 网络实时传输医疗设备监测信息、车辆实时定位信息、车内外视频画面等；便于实施远程会诊、远程指导，对院前急救信息进行采集、处理、存储、传输、共享可充分提升救治效率，提高服务质量，优化服务流程和服务模式；车联网普及之后急救车可以通过红绿灯诱导系统，由网络实时规划路线，避开拥堵；其他车辆也可以由网络控制给急救车让路等。

**4. 河南宏力医院互联网医院体系建设项目**

项目主要内容包括：健康咨询、线上问诊、线上处方及线上药房、药品配送业务、线上检查检验、远程会诊、远程门诊、远程病理诊断、远程医学影像诊断和远程心电诊断、慢病管理、居家照护、妇幼保健、健康管理等。互联网医院对接医患双方，构建一个不受时间、空间限制，以服务患者为中心，覆盖院前、院中、院后全流程的"空中"医患服务平台。通过 5G 技术可进一步提升远程会诊诊断准确率和指导效率，提升跨地域远程精准手术操控和指导，提升远程视频会诊患者的沉浸感，让患者足不出户即可享受到居家照护和全天候的健康参数检测；实现实时定位，确保医护安全；将诊疗过程中的完整数据和关键流程在保证安全的前提下对接到互联网，保存以居民个人健康为中心、贯穿整个人的生命过程、涵盖各种与健康相关的记录。

**5. 长垣市大数据云产业园项目（移动公司和中益发电厂合作）**

该项目为中原地区最大的数字生态产业信息基地，主要为各类互联网、金融、工业企业等提供云平台、安全防护、云计算、云存储、BGP、CDN 加速等云计算服务，加快促进数字长垣的建设。

**6. 长垣烹饪职业技术学院"5G＋智能教育"项目**

主要建设内容为基于 5G 大带宽和边缘计算能力的高清

视频教学直播、在线实验资源共享、视频安防监控、AR 远程教学等数字化教育内容，逐步将学校打造成国内一流的信息化、智慧化示范校园。

# 四 奋进新征程，科创再出发

## （一）新时期，长垣科创再出发正当时

抓创新就是抓发展，谋创新就是谋未来。当前，新冠肺炎疫情加速世界百年未有之大变局演进，国内外环境发生深刻复杂变化，新一轮科技革命和产业变革演进迭代的速度前所未有，国际科技竞争的挑战前所未有，科技创新的重要地位前所未有。长垣市需要把握新时代科技工作思路和方向，在新的发展阶段敢于担当、走在前列，以科技创新升级在发展中赢得主动、赢得优势、赢得未来。

### 1. 新一轮科技革命和产业革命的加速演进强调技术创新的主动权

以新一代信息技术为主导的前沿技术呈群体性突破，颠覆性技术大量涌现，直接推动了以智能化、信息化、网络化为特征的新一轮产业革命，催生了电子信息、核工业、航天业、生物产业等一大批新兴产业。在新一轮科技革命和产业变革与我国加快转变经济发展方式形成的历史性交

汇中，长垣必须紧紧抓住这一重大历史机遇，加快自主创新、积极开展颠覆性技术创新，抢占发展主动权，努力实现技术创新的自立自强；同时要进一步充分利用全球优秀人才、技术、信息等创新资源，深度融入全球创新网络体系，以活跃的开放创新实现全球创新资源的高效整合和全球创新话语权的争夺。

**2. 经济的高质量发展对创新驱动发展的需求更加迫切**

当前我国科技实力正处于从量的积累向质的飞跃、从点的突破向系统能力提升的重要时期，深入实施创新驱动发展战略，实现关键共性技术、前沿引领技术、现代工程技术、颠覆性技术创新的重大突破，实现科技自立自强是在经济全球化发生深刻变革形势下抢占先机、赢得主动的迫切需求。县域是科技创新体系的"神经末梢"，在实施创新驱动发展战略中具有重要地位。创新驱动发展基础在县域、活力在县域，难点也在县域。长垣市作为全国具有影响力的县域城市，更应从科技自立自强的战略高度勇担使命、主动作为，把发展基点放到创新上来，坚定信心、抢抓机遇，以只争朝夕的劲头谋创新、抓创新，以创新主动赢得发展主动。

**3. 河南高质量发展阶段建设中西部创新高地需要增强全域科技创新力量**

河南省"十四五"规划和2035年远景目标纲要提出，要打造中西部创新高地，努力创建国家区域创新中心，全力激活以创新为内核的发展动能。这一目标的实现迫切需要进一步强化县域科技创新支撑,推进全域创新联动。长垣市要把握新一轮全省科技创新资源布局、郑洛新国家自主创新示范区建设等发展机遇,加强高水平科研院所、新型研发机构、创新型企业、高端人才团队引进和培育,畅通科技成果转移转化通道,依托科技创新实现长垣整体性转变、全方位变革。

**4. 推进"创新新乡"建设,迫切需要将科技创新的"关键变量"转化为新乡市高质量发展的"最大增量"**

县域科技创新能力直接影响县域经济发展质量和竞争力,县域强则新乡强。"十四五"时期,新乡市提出要确保整体工作"始终处于全省第一方阵"。长垣市作为新乡副中心城市,在全市创新驱动发展中具有重要地位,需要把握郑新一体化、郑洛新国家自主创新示范区建设等发展机遇,加快提升科技创新能力,不断提升在全市发展大局中的地位。

**5. 长垣市建设全国百强县,迫切需要以科技创新支撑形成可持续发展动力**

实施创新驱动发展战略,基础在县域,活力在县域,难点也在县域。当前全国把科技创新摆在前所未有的位置,县域科技创新能力直接影响县域经济发展质量和竞争力。长垣市建设全国百强县,其根本动力和路径在于实施创新驱动发展战略,必须加快体制机制改革和政策突破,促进创新主体、创新载体、高端人才、先进技术、科技成果等各类要素加速汇聚，不断激发全社会创新创业活力，加快形成具有县域特色的创新驱动发展路径。

## （二）新阶段，加快长垣科创迈上新台阶

坚持把科技创新作为引领和支撑高质量发展的第一动力，以"长垣再出发"战略要求和新发展理念为引领，全域推进科技创新、全链融合统筹发展、全面提升创新能级，主动融入全省区域创新布局，全力打造郑洛新国家自主创新示范区转移转化基地、河南省创新发展高地和全国创新型县（市），加快走出一条科技强、产业强、生态优的县域科技创新发展新路子。

### 1. 坚持产业融通创新，塑造产业发展新优势

加快产业融通创新、提升产业链发展水平是实现高质量发展的必然要求。未来，长垣市将以构建产业链现代化、价值链高端化和创新链系统化的产业生态圈为导向，加强科技创新与产业集群的深入融通，加快打造多个百亿乃至千亿级特色产业集群。

（1）坚持科技自立自强，加快推动高能级产业融通创新平台建设。围绕长垣起重装备高端制造、卫材及医疗器械、防腐蚀及建筑新材料、军民融合产业、现代农业等支柱产业转型升级中的重大创新需求，支持卫华、驼人等企业联合高校、科研机构和社会团体，以产学研合作形式设立产业技术研究院，支持企业内设工程技术研究中心、重

点实验室等独立市场化运营，面向产业开展共性关键技术研发和产业化服务，鼓励引导产业技术创新战略联盟法人化经营，转变为实行专业化和市场化运作的新型研发机构，着力解决经济社会发展核心关键技术"卡脖子"问题，提升科技供给质量和效率。

（2）坚持产业链供应链融通，围绕提升起重装备高端制造、卫材及医疗器械、防腐蚀及建筑新材料、军民融合产业、现代农业等产业链供应链稳定性和竞争力，全面实施重点产业"链长制"，深入开展产业链"建链、延链、补链、强链、融链"行动，瞄准产业链细分领域和上下游相关环节精准招商，有效打通断点、疏通堵点，鼓励优质企业围绕产业链关键环节和核心技术，实施高端并购、强强联合，加快形成龙头引领、专业配套、人才支撑、区域联合、产销一体的现代化产业发展格局。

（3）加快数字化融合赋能，增强产业智慧化发展水平，以"产业数字化、数字产业化、治理数字化"为牵引，引导有基础、有条件的企业开展以设备换芯、生产换线、机器换工为核心的智能化改造，发展基于互联网的网络协同研发、个性化定制设计、共享制造等新模式。推动企业"上云用数赋智"全覆盖，推广未来工厂、虚拟产业园等智能制造新模式。支持卫华集团、河南矿山等行业龙头企业，加速构建数据协同共享的产业数字化发展生态，不断提升起重装备、医疗器械等产业智能化发展水平，拓展行业融合赋能新空间。

**2. 加强创新生态建设，激发创新发展新活力**

有韧性、充满活力的创新创业生态系统是区域实现创新发展的重要引擎。长垣市将以全生命周期创新创业服务体系建设为重点，持续营造活力充分激发、创意竞相涌流、要素高效配置的创新创业生态。

（1）加快构建全方位、全生命周期的创业孵化体系。加强专业化创新创业载体建设。聚焦起重、医疗器械等重点产业领域，加快建设一批专业化孵化平台，大力支持驼人集团、卫华集团等大企业专业化众创空间建设，探索在北京、上海、广州等创新高地建立异地专业化孵化器，积极探索创新、孵化、公共研发和产业化服务平台的市场化运营机制，不断完善"众创空间＋孵化器＋加速器＋科技园区＋产业基地"服务链。

（2）加速聚集优质服务资源，紧密结合医疗器械、起重装备制造等特色产业发展，加快布局教育培训、技术研发、成果转化等领域基础设施建设，为医疗器械、起重装备制造等企业提供科技服务支撑。加强长垣产业新城综合服务中心等综合性服务平台建设，大力集聚科技中介服务机构，提高技术转移、科技金融、市场应用以及财务、法律、企业信用等各类科技服务供给水平，加强科技成果转化服务体系建设，提高"科技成果导入—科技成果匹配—科技成果孵化加速—科技成果商业化"全链条科技服务能力。

（3）构建多元科技投融资体系。建立和完善以政府财政投入为引导，以企业投入为主体，以银行信贷和风险投资等金融资本为支撑，以民间投资为补充的多元化、多渠道、多层次科技投融资体系。积极参与"引金入豫"，实施"引金入蒲"工程，引进更多新型金融组织来长垣设立分支机构，加快建立覆盖种子期、成长期、成熟期以及并购重组等全生命周期的风投创投基金体系，引导和鼓励银行增加科技信贷供给，加强政银保合作，开发多元化科技信贷产品。实施科技企业上市培育工程，完善上市后备企业分层培育机制，推进企业在"新三板"、科创板等上市。鼓励企业通过发行债券、信托产品、增资扩股等方式多渠道筹集创新资金。

**3. 增强企业主体地位，厚植创新发展新动能**

企业是创新的主体，是推动创新创业创造的生力军。长垣市将以科技型企业培育为重点，积极培育瞪羚、独角兽等新物种企业，着力培育充满活力的新动能群体。

（1）精准培育科技创新"尖兵"，完善"科技型中小企业－高新技术企业－行业领军企业"梯次培育体系，建立科技型企业培育全流程服务体系，持续壮大以工业为主体的科技型企业群体规模，引导企业加大研发投入，促进资金、人才、科研成果等各类创新要素资源向企业集聚，全面提升企业的自主创新能力，加快实施瞪羚企业、独角兽企业培育计划，加快培育壮大龙头科技企业、独角兽企业、"隐形冠军"和未来型企业。

（2）推动大企业做大做强做优，实施大企业（集团）培育加速行动，支持卫华集团、河南矿山、驼人集团、亚都集团等龙头型、基地型企业做大做强，提高在前沿科技领域、国家重大战略、产业关键共性技术、"卡脖子"关键核心技术等方面的创新能力，培育一批超 100 亿元的优质企业，集聚一批核心技术能力突出、集成创新能力强、引领重要产业发展的创新型领军企业群体。

（3）构建大中小企业融通发展共同体，大力支持驼人集团、卫华集团等企业通过建设专业化众创空间、打造大中小融通特色载体等形式，结合不同行业和领域特点，围绕供应链合作、研发能力互补、数据共享、股权投资、人才交流、生态圈打造等，构建"大企业＋"协同创新发展模式，探索大中小企业深度合作的新机制，加快形成大企业带动中小企业发展、中小企业为大企业注入活力、大中小企业融通发展的生态。

**4. 坚持创新高地引领，打造创新发展新地标**

围绕产业链、创新链布局，长垣市将着力打造以高新区为龙头、以专业园区为支撑的高能级产业载体，强化要素集聚、资源共享、载体联动，构建更完整、更高效的产业发展链条和多层次生态，实现区域发展能级跃升。

（1）以高新区为龙头，奋力打造长垣创新驱动发展的核心策源地。牢牢把握"高"和"新"的发展定位，加快创建长垣国家高新区，推进高新区特色产业集聚化，主导产业规模化，现代服务业产业化，着力构建特色产业体系和双创生态体系，推进新型产城融合，打造"三生融合"智能社会，着力推进高新区管理改革，探索多元共治、法定机构等新型治理模式，打造高端化、绿色化、智能化、融合化、高品质创新园区，奋力将高新区建设成为长垣创新驱动发展示范区、高质量发展先行区。

（2）以专业园区为支撑，塑造产业发展地标。企业入驻园区是现代产业集约发展、集群发展、资源高效配置的必由之路。长垣市将聚焦智能起重装备、高值医疗器械、建筑防腐、高端新材料等重点产业，着力提升健康产业园、防腐蚀及建筑新材料产业园、装备制造专业园、再制造产业园等特色专业园区发展水平，积极引导大企业及社会力量在长垣投资建设、运营管理特色产业园，打造公共服务平台，完善园区产业配套体系，发挥园区内企业、院所及各类创新平台作用，着力打造"长垣起重""长垣防腐""长垣建造"等产业地标。

（3）加强园区开放合作，加快融入郑洛新国家自主创新示范区辐射区，加强与郑洛新等省内先进园区合作，积极对接北京、上海、广州、深圳等一线中心城市，建立"创新飞地"和"产业飞地"，探索共建产业园区、股份合作等模式，建立完善科技资源共建共享和服务机制，推动创新要素跨区域流动共享，积极融入中原－长三角经济走廊建设。发挥起重装备、医疗器械、建筑防腐等产业优势，坚持以企业为主体，以平等互利、优势互补、资源共享、合作共赢为原则，大力推动产业发展联动。

**5. 突出共建、共享、共治，建立高效科技创新治理体系**

健全科技创新治理体系是适应科技创新发展新形势的根本要求。长垣市坚持共建、共享、共治的理念，以制度创新、模式创新不断提升科技创新治理能力和治理效能。

（1）加强制度创新，夯实科技创新"支撑力"。把惠民、利民、富民、改善民生作为科技创新的重要方向，健全支持应用基础研究的体制机制，分类管理应用基础研究项目和技术创新项目，加大财政科技经费的投入力度，建立创新需求公开征集、关键技术清单定期发布制度，完善"揭榜挂帅"机制，稳步推进市级科技计划项目自主验收、项目经费使用"包干制"，探索科研项目经理人制度等，形成完善的创新激励机制，为科技创新创业提供制度保障。

（2）创新科技供给模式，释放长垣科技创新"想象力"。以商业模式创新和应用场景开放为牵引，围绕起重装备、医疗器械等产业集群数字化发展，以及科技服务、现代物流、电子商务、文化旅游、新型餐饮等服务业领域，研究发布长垣场景机会清单，以项目化、指标化、清单化方式向社会发布，为投资者、企业和人才提供创造新产品、满足新需求的机遇窗口，实现从"给优惠"到"给机会"的转变，为新兴产业的发展做好制度安排与政策配套。

（3）建立科技创新共治机制，增强长垣科技创新"智慧力"。实施长垣城市合伙人制度，加快建立长垣科技创新发展智库，吸引产业界、科技界、投资界、智库等多元主体参与，为长垣在科技创新战略规划、产业发展、创新创业生态等方面贡献智慧，形成以业界共治引领多元民主协商机制的科技创新治理新格局。

创新发展永无止境，奋进步伐永不停歇。长垣将保持等不起的紧迫感、慢不得的危机感、坐不住的使命感，拿出勇气，怀着梦想，创新加速度，改革再出发，推动新时代长垣科技创新取得新突破，让长垣在新时代迸发出前所未有的新活力！

# 分报告四

## 长垣城乡融合发展的乡村振兴之路

党的十八大以来，长垣市认真贯彻落实中央关于脱贫攻坚和乡村振兴决策部署，在各级党委政府、企业和广大干部群众的共同努力下，长垣市在不临海、不邻中心大城市、无交通大动脉、没有地下矿产资源的条件下，经济社会稳步发展，乡村振兴与城乡融合发展取得了巨大成就。长垣市乡村振兴与城乡融合发展的有效做法和成功探索，对于全国的中小城市尤其是中西部同类地区实施巩固拓展脱贫成果与乡村振兴的有效衔接具有示范和借鉴价值。

## 一　推进乡村振兴与城乡融合发展的基础条件

长垣市地处黄河滩区，历史上十年九灾，发展相对滞后，20 世纪 80 年代还是国家级贫困县。市域面积 1051 平方公里，辖 11 镇 2 乡 5 街道，1 个省级高新技术开发区，人口 90.6 万，耕地面积 105.6 万亩。近年来，长垣市坚持发展是第一要务、人才是第一资源、创新是第一动力，把改革开放、富民强县的事业一抓到底。长垣市按照"组织统领、规划引领、改革驱动、示范带动、系统推动"的工作思路，抓住关键环节，着力破解实施乡村振兴过程中的发展难题，促进城乡融合发展，取得了阶段性成效。GDP 从 2014 年的 265.9 亿元增长到 2019 年的 469.3 亿元，年均增长 9.3%；公共财政预算收入从 2014 年的 13.2 亿元增长到 2019 年的 30.3 亿元，年均增长 19.5%；城乡居民储蓄存款余额从 2014 年的 196.8 亿元增长到 2019 年的 402.4 亿元，年均增长 15.1%。2017 年度县（市）经济社会发展目标考核评价排名全省第 1 位。2018 年度非重点生态功能区县（市）经济社会高质量发展目标考核评价综合排名全省第 2 位。先后被确定为全省乡村振兴示范县、全国乡村治理体系建设试点县、全国农村宅基地改革试点县和全国农村人居环境整治成效明显激励县。

## 二　推进乡村振兴与城乡融合发展的有效做法

党的十九届五中全会指出，做好"十四五"时期经济社会发展工作，必须坚持党的全面领导，坚持以人民为中心，坚持新发展理念，坚持深化改革开放，坚持系统观念。围绕"五个坚持"原则，在推进乡村振兴与城乡融合发展方面，长垣主要做了以下五方面工作。

## （一）坚持组织统领，建强组织活力，提升乡村振兴引领力

办好农村的事情，实现乡村振兴，基层党组织必须坚强，干部队伍必须过硬。

### 1. 建立县乡村三级指挥体系

成立由市委书记、市长任组长的领导小组，下设"五大振兴"专项工作组和督导考核组，由市委常委担任。从市直单位优选干部派驻乡村振兴帮建工作队。各乡镇（街道）成立以主要领导为第一责任人的工作机构。通过"五个一批"选优配强村党支部书记381人。建立县、乡、村三级干部包村制和指导员队伍，开展"百企帮百村、千组帮千户、万家帮万人"活动，443家企业、425个各类组织、10482名爱心人士踊跃参与，形成了组织领、社会帮、群众干的浓厚氛围。

### 2. 培育乡村振兴"真功夫"

成立乡村振兴学院，聘请多位专家、教授为长垣县人民政府高级顾问，对县乡村干部进行轮训，先后组织6期600余人赴浙江、江苏、陕西等地举办乡村振兴培训班，

深入余村、旺山村、袁家村等国家级示范村现场学习，开阔视野、解放思想、提升能力。

**3. 激励干部担当作为**

建立周督导、月讲评、季观摩、半年初评、年终总评工作制度。坚持抓乡促村，开展"五好"乡镇（街道）党委创建活动，共评出 4 个。开展"五星党支部"创建活动，共评出 3 批 72 村 120 星，每评上一星，村党支部书记每月报酬上调 300 元、其他村干部上调 200 元。对乡村振兴达标村（示范村）党支部书记每月给予 500～3000 元的绩效激励，最高每月可达到 7760 元，让乡与乡、村与村比学赶超、明争暗赛。2020 年 9 月，长垣相关领导在全国乡村治理数字化实践暨党建引领强村善治研讨会上做典型发言。

**（二）坚持规划引领，强化顶层谋划设计，统筹城乡融合发展**

按照"政府引导、专家指导、群众主导、共同缔造"的原则编制乡村规划，以规划高标准促进乡村振兴发展。

**1. 组建规划队伍**

市乡两级均成立规划委员会，聘任中规院、中建上海分院、省规院等专家组成市级战略规划师团队，每个乡镇组建 3～5 人的乡村规划师团队，每村至少拥有 1 名"规划明白人"，形成了"总规划师、责任规划师、规划明白人"的市乡村三级规划工作实施把控体系。

### 2. 创新工作方式

采取中规院高级规划师挂职牵头、项目组常年驻场、单位业务骨干参与规划编制的方式。实行群众"点餐"模式，由专家列出项目清单，村民挑选商定规划点位、规模、建设时序等具体事项，挑出实需项目，确保群众深入参与，编制出接地气、真管用的好规划。

### 3. 全方位编制规划

2018 年聘请河南大学编制城镇规划区外全部行政村的基础性规划，同步开展县乡村三级国土空间规划编制。将全市村庄分为城中村 49 个、城郊融合类 59 个、特色保护类 36 个、搬迁撤并类 98 个、集聚提升类 62 个、整治改善类 251 个。同时，聘请中国城市规划设计院等 18 家设计单位编制"多规合一"实用性村庄规划。目前已编制 376 个，蒲西街道云寨村入选全国村庄规划优秀案例。

### 4. 细化具体行动计划

谋划实施乡村振兴示范工程三年提升行动计划，明确乡村振兴空间布局，至 2023 年形成"一核、五区、七镇、多点"的乡村振兴布局结构。一核：全面强化县城综合服务能力，完成全部城中村的改造，将县城和城郊融合类村庄建成乡村振兴示范引领核心。五区：立足资源禀赋、产业基础和区位条件，建设三产融合、三生融合、六链融合、价值融合、四园融合等 5 个融合示范区。七镇：推动乡镇整合，提升镇区基础设施和公共服务，实现镇区集聚发展，建成 3 个新市镇和 4 个特色小城镇，创建 7 个省级美丽小镇，把镇区建成服务农民的区域中心。多点：建成 100 个左右乡村振兴示范引领村，将长垣市打造成全省、全国乡村振兴示范引领的排头兵。

### （三）坚持改革驱动，持续深化农村改革，激活乡村发展要素

长垣市抓住国家土地制度改革试点的重大机遇，用宅基地制度改革破解实施乡村振兴的难题，助推了乡村振兴战略的顺利实施。

**1. 改出了资金**

通过土地改革挖掘了发展壮大集体经济的"第一桶金"。农村集体经济收入达到 4.76 亿元。首先，靠集体经营性建设用地入市分取一部分，农民群众共获得收益 2.93 亿元，村集体获得收益 2.59 亿元；其次，靠宅基地制度改革创造一部分，收取 6748 万元宅基地有偿使用费，村集体通过指标交易获得收益 1.5 亿元。村集体收入达到 10 万元的有 495 个村，占比 78%。

**2. 改出了空间**

通过农村宅基地改革腾退宅基地 14239 亩，未复耕的 6137.6 亩，共新安排宅基地 325 户，其余土地为乡村发展预留了建设空间；已复耕 8101.4 亩，腾退闲置房屋 10 万平方米。通过农村宅基地改革，拓展了乡村振兴的生产空

间、生活空间、生态空间、文化空间。

**3. 改出了乡村产业**

通过规范有序的土地流转制度，引导返乡农民工创业，发展新型农业经济主体。农民专业合作社由改革前的 581 家增加到 2020 年的 825 家，新增固定资产投资 128 亿元，实现年产值 183 亿元，营业收入 154 亿元，税收 18.6 亿元，带动就业 3.4 万人。通过土地入市建设 13 个乡镇创业园，建成标准化厂房 86 万平方米，吸引 221 家企业入驻，形成了专业孵化园、返乡创业园、中小微企业园等产业联盟体系，助推了产业转型升级。保障网络商城等新产业用地 9 宗 203.1 亩。

**4. 改出了发展路径**

采取"集体经济 + 社会资本 + 市场运作 + 群众参与"模式，所有乡镇均成立村镇建设投资公司，引进 13 家污水处理运营公司，成立村级建筑公司和施工队伍 140 家、乡村旅游开发公司 46 家、劳务和物业服务公司 182 家。通过党支部统领、集体经济组织牵头、群众参与发展乡村产业，壮大集体经济，增加群众收入，探索出一条乡村振兴可持续发展的路径。

**（四）坚持示范带动，构建"11115"体系和"369"体系，凝聚政府、社会、群众三方共建力量**

在开展五星级示范村创建活动过程中，长垣市构建了

"11115"工作标准体系和"369"财政奖补体系，凝聚强大合力，统筹各个部门、各种资源、各界力量，提供制度保障。

"11115"体系，即每个行政村都要编制一个多规合一的村庄规划，成立一个集体经济组织，开展以土地制度改革为主的一揽子改革，制定一个三年行动计划，实施畅通、净化、绿化、美化、文化五大工程。"369"体系，即市财政 3 年内分别安排 3 亿元、6 亿元、9 亿元"五星级示范创建村"奖补资金，对创建成功村每年给予50 万～1200 万元的奖励。目前，全市有 446 个村开展了乡村振兴示范创建工程，占城区规划外村庄总数的 88%，已创成星级示范村 89 个、达标村 356 个。

**1. 通过创建提升了干群参与乡村振兴的积极性**

突出组织领、社会帮、群众干，419 名村"两委"干部和 5028 名党员带头退出超占宅基地 1625 宗 786 亩、缴纳有偿使用费 632 万元；356 家企业和 1080 名在外经商创业人士、社会乡贤累计投资捐资 9.25 亿元，用于改善人居环境和发展乡村产业项目；群众自发投工投劳 44 万人次，形成了"村看村、户看户、群众看干部"的浓厚整治氛围。

**2. 通过创建培养了群众自我约束的习惯**

把维护村庄环境卫生的责任和义务纳入村级"一约五会"，建立起"一元"约束和积分管理机制，引导群众自觉养成良好的生活习惯。

**3. 通过创建激发群众主动作为的创造性**

整治工作中，乡与乡之间、村与村之间比学赶超、明争暗赛，创造出很多撬动社会资金和吸引项目下乡的好点子、好办法。例如，在资金投入上，以政府资金撬动金融资本和工商资本投入乡村；在承建主体中采取村民自筹自建模式，发挥村民主体作用，保证了工程质量，节约了建设成本；在资金筹措中，采用在外经商创业人士设立村建项目互助资金池和实行"村引归村、镇引归镇"的招商模式，让村集体参与收益分成，激发村级干群工作积极性，探索出了破解乡村振兴资金来源问题的新路径。

**（五）坚持系统推动，全域实施五大行动，推进城乡基础设施一体化和基本公共服务均等化**

坚持以补齐农村基础设施短板为着力点，以"畅通、净化、绿化、美化、文化"五项行动为突破口，通过"五结合"聚集各种资源、各方力量，用系统的思维、系统的方法推动城乡一体化建设。

**1. 把乡村振兴畅通行动与加快全域融合发展、推动城乡公共服务一体化相结合**

街巷硬化 2201 公里、硬化率 84%，新增 1385 公里，所有县乡道路通等级路，所有自然村通硬化路；燃气主管网通达所有乡镇区，天然气通气 6.7 万户、通气率为54.6%，新增 3.02 万户，实现了道路、安全饮水、技防、亮化、光纤、有线电视等公共服务设施全覆盖。

**2. 把乡村振兴净化行动与实施"三清一改"、开展农村人居环境整治工作相结合**

实现县乡村环卫保洁一体化，垃圾处理的市场化服务和无害化处理实现全覆盖，同时建成标准化垃圾处理站 16 座、生活垃圾发电厂 1 座、生物质天然气厂 1 座，保证农村生活垃圾"日产日清"。116 个村开展垃圾分类，垃圾减量人均 0.5 公斤。开展厕污同治，新铺设污水管网 2094 公里，新建农村污水处理站 367 个、覆盖率为 72.4%，14.96 万户使用无害化卫生厕所、覆盖率为 93.5%，整治坑塘 794 个、整治率为 66%。

**3. 把乡村振兴绿化行动与实施国土绿化、开展生态建设相结合**

街道廊道河渠绿化 1611 千米、绿化率为 77%，村庄绿化率为 35%，森林覆盖率达 36%，建成省级森林乡村 16 个、省级生态镇 17 个。

**4. 把乡村振兴美化行动与建设"美丽小镇"、"四美乡村"、"五美庭院"和落实全域旅游规划相结合**

美化外立面 319 万平方米，101 个村庄建成"四美乡村"，农村 50% 以上的庭院建成"五美庭院"。赵堤镇被评为河南省特色生态旅游示范镇、河南省美丽小镇，蒲西街道云寨村被评为全国"环境整治示范村"、国家 AAA 级旅游景区，累计接待游客 26.6 万人次，实现集体收入 275 万

元。大浪口村被评为河南省首批乡村旅游特色村、国家
AAA 级旅游景区，村民每年获取收益 87 万元。

**5. 把乡村振兴文化行动与开展全国文明城市创建常态
化、深化移风易俗、加强党的基层组织建设相结合**

新建村级党群文体广场 541 个、村民大礼堂 64 个、日
间托老中心 90 个、四点半课堂 129 个、村史馆 120 个，举
办文化活动 2200 余场。星级文明户认领占比在 30% 以上，
推出"乡村光荣榜"人物典型 4740 名。县级以上文明村镇
占比 54.36%。探索创新了"1 + 5 + 6 + 7 + 8 + 10 + N"的
市乡村三级联动志愿服务工作模式，组建包括近 10 万名志
愿者的志愿者队伍，接受群众点单 3264 个。长垣从过去的
"脏乱差"转变成为今天的"绿净美"，环境变美了，群众
的满意度和幸福感不断增强，老百姓的心气儿也上去了，
干部的威信也树起来了，各项事业也得到了顺利开展。

# 三　推进乡村振兴与城乡融合
# 发展的几点启示

长垣市在推进乡村振兴与城乡融合发展过程中，通
过抓好规划编制，明确了村庄发展的方向；通过抓好农
村人居环境整治，找到了乡村振兴的切入点；通过抓好
选人用人，破解了乡村振兴带头人的难题；通过抓好农
村改革，破解了发展空间和资金的难题。初步探索出了

践行"产业兴旺、生态宜居、乡风文明、治理有效、生活富裕"乡村振兴总要求的长垣模式。

## （一）坚持党的全面领导，确保农业农村优先发展

把党的建设贯穿乡村振兴与城乡融合发展始终，坚持把"三农"工作作为党委工作的重中之重。一是把最优秀的干部充实到"三农"战线，打造一支专心农业农村、了解农业农村的强有力的干部队伍。二是优先满足"三农"发展的要素配置，让城乡要素流动起来，实现平等交换，推动资源要素更多流向农村。三是让财政资金、信贷资金优先向农业农村倾斜，使金融"活水"持久滋润乡村大地。四是采取针对性措施，加快实现城乡基本公共服务均等化，满足农村群众教育、医疗、养老等公共服务需求。

## （二）坚持以人民为中心，推动脱贫攻坚与乡村振兴有效衔接

一是推动产业扶贫从"输血"向"造血"转变。提升产业扶贫项目的层次、效益和竞争力，为乡村持续发展、群众就业创业创造良好条件。二是推动农村公共服务建设从"够用"向"好用"提升。加快道路交通、供水供电、教育医疗、文化体育、信息通信、商业网点等要素城乡一体化布局，重点提高乡镇敬老院、村级养老中心等公共服务机构的经营水平和服务质量。三是推动驻村帮扶力量从

"一时"向"永久"转变。持续巩固和加强驻村帮扶力量，引导懂技术、懂营销、懂策划、懂金融的专业型人才下沉入村，打造一支永不离开的驻村帮扶力量。

**（三）坚持新发展理念，抓战略、开新局，推进高质量发展**

在把握新发展阶段、贯彻新发展理念、构建新发展格局的过程中推进经济社会发展高质量和乡村振兴高质量。一是统筹推进城乡产业融合和乡村振兴，抓全产业链打造。着力推动第一、第二、第三产业融合发展，推进形成以工补农、以城带乡的新型工农城乡关系。二是抓开放创新发展。做好招商引资、招才引智、招金引企，推动业回创、人回转、钱回流，为乡村振兴提供要素支撑。

**（四）坚持深化改革开放，敢攻坚、勇克难，持续释放改革红利**

持续用好改革法宝，激活农村"人""地""钱"各类发展要素。靠改革凝聚"人"。持续深化产权制度改革、承包地三权分置改革，完善集体经济组织与组织成员的利益联结机制，提高农民收入，增强参与乡村振兴的积极性。靠改革腾出"地"。重点深化宅基地和农民自建房管理改革，规范农村空间治理，为乡村发展腾出更多空间。靠改革挣来"钱"。通过深化集体经营性建设用地入市、超占宅基地有偿使用和分类退出等方式，拓展乡村发展所需的资金渠道来源。

**（五）坚持系统观念，兴产业、夯基础，推进乡村全面振兴**

把产业兴旺作为解决农村一切问题的前提，不断夯实全面振兴的产业基础。以组织振兴引领产业振兴。把选优配强发展带头人与壮大集体经济结合起来，选对一只"头雁"，带动一方发展。以生态振兴带动产业振兴。通过营造美丽环境、美丽生态，进一步发展美丽经济、壮大美丽产业。以文化振兴促进产业振兴。围绕弘扬君子文化、黄河文化、创新文化，建设君子文化产业园，举办高级别赛事、会展、论坛，打造精品旅游点位。以人才振兴支撑产业振兴。培养、引进各类规划、营销、技术、乡土人才，为产业层次的提升、业态的丰富提供智力支持。

# 分报告五

## 长垣土地改革之路

2015 年 1 月，长垣被确定为全国 33 个农村土地制度改革试点县（市、区）之一，改革之初主要开展集体经营性建设用地入市试点，2016 年 9 月增加土地征收制度改革试点任务，2017 年 12 月增加宅基地制度改革试点任务。2020年 1 月，被河南省政府列为农村宅基地和村民自建住房规范管理综合改革试点，2020 年 9 月，被国务院列为 104 个宅基地改革试点县（市、区）之一。2019 年 3 月 8 日，习近平总书记在参加十三届全国人大二次会议河南代表团审议时指出："要用好深化改革这个法宝。推动人才、土地、资本等要素在城乡间双向流动和平等交换，激活乡村振兴内生活力。"

自农村土地制度改革试点工作开展以来，长垣紧紧围绕改革目标任务，大胆尝试、勇于创新，把改革试点作为助推乡村振兴和高质量发展的有效抓手，从单项改革试验、小范围探索，逐步拓展到三项统筹、全域铺开，再到深度融合、全面覆盖，积极推动改革试验更加充分、改革进展更加平衡、改革样本更加丰富、改革探索更加深化。在理论研究和实践探索的基础上，不断修改完善配套制度体系，挖掘自身特色，深入总结提炼，共制定出台配套文件 69 个，其中农村集体经营性建设用地入市 16 个，土地征收制度改革 13 个，宅基地制度改革 34 个，农村产权制度、农村房地一体不动产登记、村级规划等配套文件 6 个。建立了一整套农村土地制度改革制度体系，为《中华人民共和国土地管理法》修改提供了长垣"经验"、为配套制度建立提供了长垣"思考"、为下一步深化农村土地制度改革提供了长垣"智慧"。

# 一 立足长垣实际、明确改革目标、强化改革举措

## （一）全面调查摸底、理清现状问题

在改革之初，长垣对全市农村集体经营性建设用地和宅基地利用现状进行了全面调查摸底，理清改革基础条件，围绕难点问题，明确改革工作定位，确保改革工作与实际紧密结合、相向而行。

**1. 集体建设用地入市方面**

（1）用地难。因用地指标和规模限制，政府往往只保障重点项目用地，小微企业用地无法得到保障，每年用地缺口在1500亩以上。

（2）用地乱。在无法通过正常渠道取得国有建设用地的情况下，部分企业通过私下交易和违法占地满足其用地需求，全市有近千家企业约8000亩用地存在违规问题。

（3）需求旺。经调查摸底，全市有集体经营性建设用地1.01万亩，占集体建设用地总量的4.11%，在试点前有近80%的集体经营性建设用地已通过租赁、买断等方式自发流转。

（4）规模小。集体建设用地呈现"点多、面积小"的特点，因村镇规划覆盖面窄，核查出在村镇规划范围内的集体经营性建设用地仅852宗1.8万亩，可直接就地入市；有2.4万亩集体建设用地（含宅基地）处于空闲状态，可进行调整入市。

（5）潜力大。经调查核实，在全市21.66万亩村庄占地中，有4万余亩零星分散的空闲建设用地，还有约3万亩低效用地。

**2. 土地征收方面**

改革前，国家规定任何单位和个人进行建设，需要使用土地的，必须依法申请使用国有土地（兴办乡镇企业、村民建设住宅、乡镇村公共设施和公益事业建设除外），这些项目用地主要以土地征收的方式来保障。这使得征地范围过宽，集体土地权能不完整；征地程序不透明，被征地农民知情权、参与权、监督权保障不到位，更没有决策权，因征地引发众多不稳定因素；征地补偿安置途径比较单一，各地都没有探索出能够保障被征地农民长远生计的有效办法，被征地群众获得感不强。

### 3. 宅基地管理方面

全市宅基地存在"三多一乱"现象。

（1）超占多。全市规划区外 507 个村庄总占地面积 21.12 万亩，宅基地 19.76 万宗占地 10.32 万亩，户均面积达到 0.52 亩。一户多宅共有 1.42 万宗 0.61 万亩。

（2）闲置多。地上无房或房屋已倒塌的宅基地 2.54 万宗 1.4 万亩，闲置农房 1.5 万宗 0.72 万亩。户籍迁出仍拥有宅基地的 1.93 万宗 1.01 万亩，村庄"空心化"现象严重。

（3）纠纷多。全市每年宅基地纠纷多达 1000 余起，因宅基地纠纷引发的信访问题占全市信访量的 70% 以上，引发的缠访、越级上访多达 200 余起。

（4）乱圈乱占乱建现象突出。2018 年以前，每年有 3500 宗以上宅基地进行翻建和改建，均未履行任何审批手续；每年违法占用耕地建住宅的在 600 亩以上，占全市新增违法用地量的 70% 以上，全市宅基地"线性"和"块状"扩张严重，村民建新房"沿路爬"，不断向村庄外围延伸。2009 年，全市农村人均建设用地 160 平方米，2018 年增长到 220 平方米，同时期城镇用地规模增加 1.8 万亩，在乡村人口不断减少的情况下，村庄用地规模也增加了 0.44 万亩，出现城市和农村用地规模"双增长"现象。

**（二）遵循改革要求，明确改革目标**

农村土地制度改革以建立城乡统一的建设用地市场为方向，以夯实农村集体土地权能为基础，以建立兼顾国家、集体、个人的土地增值收益分配机制为关键，以维护农民土地权益、保障农民公平分享土地增值收益为目的，具体包括三项任务。

一是农村集体经营性建设用地入市，完善农村集体经营性建设用地产权制度，建立"同价同权、流转顺畅、收益共享"的农村集体经营性建设用地入市制度。二是土地征收制度改革，探索缩小土地征收范围，规范土地征收程序，完善对被征地农民多元保障机制，健全"程序规范、补偿合理、保障多元"的农村土地征收制度。三是农村宅基地制度改革，以切实保障和维护农民宅基地权益为出发点和落脚点，完善宅基地权益保障和取得方式，探索"依法取得、节约利用、权属清晰、权能完整、流转有序、管理规范"的农村宅基地制度，强化宅基地自建房规范审批和监管。

### （三）明晰工作思路，强化改革举措

#### 1. 搭建组织架构、聚合多方改革智慧

河南省委、省政府对农村土地制度改革试点工作高度重视，成立了由省委副书记任组长，分管副省长任副组长，邀请国家自然资源督察济南局参加，省直相关部门为成员的省级改革试点领导小组，指导统筹改革试点工作。自然资源厅成立了技术专家组，加强研究论证和指导。长垣市委、市政府成立领导小组，组建工作专班，集中办公，在人财物方面给予全力保障，建立部门、乡镇、技术单位联席会议制度，形成了党委领导、政府负责、部门协同、专业协作、上下联动的高效工作运转体系。

聘请自然资源部经济研究院、高校专家作为"改革智囊"团队，对改革顶层设计进行研究，同时针对长垣农村土地制度改革开展专业协作。先后开展了"入市主体可行性""缩小征地范围和扩大入市对社会经济发展的影响""被征地农民养老保险政策"等专题研究，为创新型问题解决提供理论支持；对集体经营性建设用地调整入市、城中村整治入市用于住宅建设、农村土地征收多元化补偿、宅基地"三权分置"实践探索等典型做法进行了深度挖掘与剖析，提升制度化成果的说服力和支撑力。

#### 2. 推进确权规划，夯实改革基础

全面完成集体土地所有权确权登记发证，发放所有权

证 1.28 万件。全面完成集体建设用地使用权确权登记发证，发放使用权证 15.8 万件。在全面完成"两权"发证基础上，安排专项资金 3800 多万元，全力推进农村房地一体不动产登记，并在乡镇便民服务中心设置不动产登记服务窗口，为改革试点工作做好产权保障。

将全市城镇规划区外的 507 个村庄，划分为 5 种村庄类型，其中城郊融合类 91 个、集聚提升类 31 个、特色保护类 36 个、搬迁撤并类 98 个、整治改善类 251 个。安排专项资金完成 507 个村庄基础性规划编制工作，构建了县级总规划师、乡镇责任规划师、村庄规划明白人三级规划实施把控机制，强化了乡、村规划引领意识。村庄规划重点明确了"三线两区一布局"，"三线"为划定村庄建设边界线、耕地保护线、生态控制线，"两区"为划定整治复垦区、建设引导区（含宅基地周转区），"一布局"为明确路网、学校、广场、卫生室等公共服务设施的布局。启动了 376 个村庄"多规合一"实用性村庄规划编制，186 个已形成规划方案。

### 3. 广泛宣传动员，凝聚社会共识

开展"大走访、大宣讲、大讨论"活动，要求全市上下全面落实"三讲清，三带头"，做到向群众讲清意义、讲清政策、讲清方案，村干部、党员、公职人员带头执行改革政策。先后召开动员会、培训会、观摩会、汇报会、交流会、市乡村三级干部会等专题大会 189 次，举办市乡村三级培训

300 余场，培训 4 万余人次。实行领导带头宣讲、工作组入村宣讲、乡村干部入户宣讲、群众代表示范宣讲，发放"明白卡"15 万余份，全面讲解试点政策。通过电视台全天候滚动播放改革内容、村广播循环播放改革介绍音频、村民小组刷写墙体标语等方式，进一步营造舆论氛围。

在制订政策过程中，以问卷调查、征求意见表、召开座谈会、上门入户访谈等形式，向广大农村群众、进城落户人员、非集体经济组织成员，向两代表一委员、村贤乡贤、乡村干部，向自然资源厅、社科院、土地管理领域相关专家，分层次、广范围、多领域地了解社会各方面的意见，论证政策的科学合理性。先后发放调查问卷和征求意见表 3.6 万份，召开座谈会 86 次，入户访谈 8000 余户，确保了改革政策接地气、易落地。

### （四）把握改革规律，分步推进实施

长垣市的改革从单项改革试验、小范围探索，到三项统筹、全域铺开，再到深度融合、全面覆盖，大致可分为三个阶段。

#### 1. 稳步探索、试点先行阶段

改革没有先例可循，在改革的头两年，长垣市既担心改革步伐滞后无法向组织和群众交代，又担心贪功冒进改出问题最终无法收场。如一度担心集体经营性建设用地入市和缩小征地范围后是否会影响产业落地和地方财政收入，

土地利益调整分配是否会引发新的社会不稳定因素等；一度担心宅基地有偿使用和自愿退出是否加重农民负担，是否会引发社会不稳定因素等。在改革实践中按部就班、稳扎稳打，每个乡镇选择 2 个重点村进行先期试点，在小范围的试点探索中"投石问路"、发现问题、摸索经验。

**2. 不断完善、以点带面阶段**

经过近两年的试点试验，改革政策得到验证，改革成效得到初步显现，长垣市逐渐认识到土地制度改革是农村综合改革的"龙头"和"牛鼻子"，是从根本制度和体制机制上解决当前农村矛盾、城乡二元结构等诸多问题的有效手段，是推进脱贫攻坚、促进产业发展、解决"三农"问题的有力抓手，是推进县域经济高质量发展的必由之路。针对改革中不断出现的新问题、新情况，长垣积极修补政策制度和操作漏洞，全面发动引导群众，帮助群众转变观念，建立法制思维，争取对改革的理解和支持，使改革步入了"快车道"。

**3. 由浅入深、全面铺开阶段**

随着改革的不断深入探索、全域全面实践，长垣市用改革的思维推进改革，破解矛盾、推动发展，改革的内生动力促使其不断加大探索和推进力度，市四大班子齐上阵，举全市之力克难攻坚，形成全市改革的氛围。全市 446 个村庄初显改革成效，89 个村庄发挥示范引领作用，农村土地制度改革意识深入人心，产业发展和公共基础设施资源空间得到保障，农村面貌实现从量变到质变的提升。

## 二 围绕城乡融合发展，建立"同权同价、流转顺畅、收益共享"的农村集体经营性建设用地入市制度

5 年多来，长垣入市集体经营性建设用地 353 宗 6895 亩，成交总价 6.69 亿元，实现了工业、商业、住宅、医疗、教育、养老等用途全涵盖，出让、租赁、作价入股 3 种入市方式全实践，乡（镇）、村、组三种集体所有权主体全涉及，为国家提供了全方位、宽领域、多层次的改革样本。

### （一）坚持"五个统一"，建设城乡统一的土地市场

为促进集体与国有土地同价同权，长垣市赋予两者同等权能，积极创造良好的市场交易环境：一是搭建城乡统一的交易平台，将集体经营性建设用地入市与国有土地出让的交易信息纳入同一平台发布。二是制订城乡统一的地价体系，制定与国有土地用途分类相统一、地价水平相衔接的农村集体经营性建设用地基准地价体系，并结合长垣实际，制定了集体经营性建设用地固定年租金水平、浮动年租金水平。三是形成城乡统一的交易规则，参照国有土地设置集体经营性建设用地交易流程和操作规范，对入市基本原则，使用权人权益保护，入市要求，取得人要求，

合同管理及转让、转租、抵押的前提条件，抵押权实现等规则进行规范。四是强化城乡统一的监管措施，参照国有建设用地供后开发利用监管政策精神，对集体经营性建设用地入市后开发利用情况进行监管，对入市交易和土地增值收益分配使用、政府收取调节金和农村集体留成资金使用进行监管。五是促进城乡统一的中介服务，引导中介组织为入市交易提供第三方服务，形成国有与集体统一的中介服务市场。

**（二）做到"三个统筹"，保障征收与入市和谐并存**

为最大限度地通过入市促进农民和农民集体增收，确保社会经济平稳发展，长垣明确以下几点：一是统筹入市范围。统筹把握缩小征地的范围和允许入市的区域，规定县城规划区外的项目用地，除公益基础设施外，其他项目原则上要通过入市来保障；县城规划区内，原则上通过征收来保障。二是统筹入市用途。全面放开入市土地用于工业项目，鉴于入市用于房地产开发可能对当地房地产市场和国有土地出让收入造成影响和冲击，以及后期难以办理商品房预（销）售手续，审慎推进入市土地用于房地产开发，依据城中村农民早已脱离农业生产，有改善居住环境、融入城市生活、盘活住房财产的需求，探索 1 宗 24.73 亩集体建设用地通过整治入市方式用于住宅开发。三是统筹入市规模。统筹考虑年度国有土地和集体土地的供应量，把好国有土地征收和集体土地入市的节奏与总量，确保土地市场供应可控和可调。

## （三）把握"三个关键"，确保入市规范有序运行

一是土地所有权人的确定。土地所有权人关系到入市收益的归属。入市前必须核定集体土地所有权登记成果与实际所有权人是否一致。统一由农村集体经济股份合作社作为入市实施主体，行使入市主体权利。二是村组集体的表决。入市前的民主决策是农民作为土地所有权人行使财产处置权的具体体现。所有入市地块，均由村组集体就入市相关事项进行集中民主表决，经 2/3 以上村民或村民代表同意后，形成正式决议。三是村组收益的使用。长垣在入市收益资金使用方向上，重点发展集体经济，建设公益事业和基础设施项目，纳入村组集体资产统一管理，实行"村财乡管"，资金使用情况纳入村务公开，接受财政、审计等监管及公众监督。

## （四）突破"两个难点"，全面健全集体土地产权制度

集体经营性建设用地使用权可以依法通过出让、租赁、入股等方式入市，最高出让年限与国有土地相同。入市后的集体经营性建设用地与国有土地一样可以在二级市场进行转让、出租等公开交易，与国有建设用地使用权享有同等权利和义务。为破解集体经营性建设用地抵押融资难题，市政府设立 2000 万元风险补偿金，以"银行＋担保""银

行＋风险补偿金"模式，为入市地块提供信贷支持。针对入市土地续期问题，明确规定：使用期届满后原受让方有优先续期权，续期价款可参照评估价确定；所有权人不同意续期或受让人放弃续期的，该宗地上由受让人投资建设的地上及地下附着物，参照评估价格给予补偿。

## 三　以实践宅基地"三权分置"为主线，建立健全"依法公平取得、节约集约使用、自愿有偿退出"的宅基地制度

按照"落实宅基地集体所有权、保障农户资格权、放活宅基地使用权"的要求积极探索，在宅基地有偿使用、有偿退出中发挥集体经济组织和村民委员会的作用，规范宅基地审批和利用监管，形成广大人民群众理解改革、支持改革、参与改革的广泛共识和强大合力。

### （一）致力于建立公平用地秩序，落实集体土地所有权

#### 1. 通过宅基地有偿使用体现集体收益权

在保障户有所居的前提下，实行村集体主导下的宅基地有偿使用制度，对历史原因形成的超标准占用、一户多宅、非本村村民通过继承房屋或其他方式占用和使用宅基地的收取有偿使用费。现行政策新建翻建改建的宅基地仅保留 0.25 亩，超出部分必须退回本村集体，宅基地以全村宅基地平均

面积为起征标准（最大不得超过 0.5 亩），超过上述起征标准的缴纳有偿使用费。有偿使用费按年采用超标准累增的方式收取，阶梯式计费标准如下：超出面积 1～100 平方米部分按每年 5 元/平方米计费；超出面积 101～200 平方米部分按每年 10 元/平方米计费；每增加 100 平方米标准提高 5 元/平方米计费，以此类推。一户多宅的多宅部分、非本集体经济组织成员占用宅基地以实际占用面积按以上标准缴纳有偿使用费。宅基地有偿使用费纳入村级账户管理，主要用于村庄改造、基础设施建设、宅基地退出补偿等，收缴使用情况每年至少公开两次。截至目前，按上述征收标准，应收取有偿使用费 6925 万元，实际收取 6748 万元，其中 2019 年应收 4002 万元，实收 3942 万元，2020 年应收 2923 万元，实收 2806 万元；其中收入最多的村庄达到 80 万元，收入最少的村庄 0.4 万元，村均收入 13.47 万元。2020 年有偿使用费实收较 2019 年减少 1136 万元，是因有偿使用制度的推行使部分用地人选择了退出多占的宅基地。全市已征收有偿使用费的宅基地中，以 2019 年为例，每平方米起征点为 5 元的 4.33 万宗，共收 1106 万元，占比 58%；起征点为 10 元的 2.31 万宗，共收 2078 万元，占比 31%；起征点为 15 元及以上的 0.82 万宗，共收 758 万元，占比 11%。

**2. 通过宅基地退出盘活体现处置权**

村集体经济组织根据不同情况，在乡镇（街道）指导下，探索出以下几种宅基地退出盘活方式：一是无偿强制退出，集中供养或去世后的五保户占用的宅基地、违法占用的宅基地、房屋倒塌两年以上等情形，实行依法无偿强制退出。二是有偿协商退出，农民依法取得且面积大于167平方米的宅基地，村集体与农民协商签订退出协议，土地参照当地征地区片价，实施有偿退出。涉及地上房屋补偿的，采取以下补偿方式：议价协商补偿、第三方估价补偿、房屋置换补偿等。三是保权无偿退出，集体经济组织成员自愿无偿放弃宅基地，将来如需要回村居住，可重新申请宅基地。例如，毛庄村一户村民在城里工作，无偿退出宅基地建设党建广场，村集体保留其宅基地申请资格。四是让权置换退出，允许农村老人自愿将宅基地使用权退回集体，置换养老服务用房。五是留权共享盘活，对应缴纳有偿使用费的宅基地，使用权人可以暂时将宅基地使用权及地上房屋使用权以租赁或无偿方式给村集体用于村里养老、活动室等公益事业，租金与有偿使用费可相互顶抵。六是留权返租盘活，对闲置的宅基地，农民不愿意退出的，由村集体统一返租并授权给社会主体开发经营。改革以来，共腾退宅基地14239亩，腾退闲置房屋10万平方米，已复耕8101.4亩；未复耕的6137.6亩中，用于安排宅基地325户，其余土地为乡村发展预留了建设空间。

**（二）制定集体成员与"户"的认定标准，保障农户宅基地资格权**

一是规范集体经济组织成员身份的认定。全市认定集体

经济成员 17.1 万户 64 万人，非集体经济组织成员 713 户
2853 人，非集体经济成员中确认宅基地资格权 861 人。二是
规范"户"的认定。农户有 2 个以上子女，随一个儿子居
住，认定为一户，其他儿子成年后可认定为一户；按照农村
婚嫁习俗，女儿原则上不认定为一户，农户确有特殊情况随
女儿居住的，经村集体审查后，也可认定为一户。干部、职
工的配偶为农民，在配偶的户籍所在村庄建有房屋的，可认
定为一户。农户虽有两处或两处以上宅基地，但面积总和未
超过 167 平方米的，认定为一户。三是赋予集体决策权。出
台了《农村宅基地资格权证登记发放办法》，明确了村集体
通过村民表决方式对农户资格权进行认定，对于历史遗留问
题或其他特殊人群（退伍军人、大学生、返乡创业人员，拥
有医疗、教育等特殊技能的人群，有特殊贡献的村贤、乡
贤，回乡落户的机关单位工作人员等）的资格权认定，需由
村民（股东）会议 2/3 以上成员或者村民（股东）代表同
意。具有资格权的农户可以取得本集体分配的宅基地，农村
村民出卖、出租、赠与住房后，不可再申请宅基地。

## （三）致力赋能乡村空间价值，放活宅基地使用权

一是鼓励农户通过转让、互换、赠与、出租、抵押、
入股等方式流转宅基地使用权，城市规划区外的宅基地使
用权允许在县域范围内农村村民之间流转。二是鼓励集体
经济组织统一流转宅基地和房屋的使用权，发展乡村产业。

例如，孟岗镇伯玉村将收回的81宗闲置宅基地，采取"入股、联营、转租"等方式，由村集体经济组织统一规划建设、管理经营，实施伯玉村蘧孔文化旅游开发项目。三是鼓励工商资本下乡流转租赁空闲宅基地，与村集体经济组织合作发展乡村新产业新业态。云寨村由村集体将一户多宅和非集体经济组织成员的宅院统一返租、统一规划设计、统一对外招商，已与河南国文艺术研究院、长垣书画协会、北京科民公司等5家公司签订入驻协议，发展民宿、农家乐、文创小院等旅游项目。

**（四）围绕农村宅基地和自建住房，构建规范的管理体系**

一是严格规划管控，解决建设无序的问题。优化村庄布局，共划定周转区2000余亩，有效防止农民乱占耕地建房。落实规划管控职责，搭建了村庄规划"1＋2＋N"的管理机制。"1"是指发挥乡镇规划委员会职能，"2"是指落实乡村生态环境和规划建设办公室规划编制管理职责和乡镇综合执法队监督管理职责，"N"是指发挥村庄党支部书记或规划明白人的靠前服务作用，确保村庄规划顺利实施。二是严格审批流程，解决管理缺位问题。按照"村民申请、村级审核、乡级审批、市级监管"的管理机制，探索建立于法周延、于事简便的申请审批流程，将市直机关384名工作人员下沉到乡镇工作，做到乡镇有职责、有权力、有人员、能落实。三是规范建设行为，解决自建住房风貌管控和质量安全问题。在风貌管控方面，编制了 20 套村民自建住房设计图集无偿提供给村民使用。在建设标准方面，控制宅基地面积不超过 167 平方米，农房建设总高不超过 10 米。在质量安全方面，实行施工备案管理办法，做到施工人员可追溯、建设资料有存档。强化建筑工匠培训，发放工匠培训合格证 1103 人。四是管好监管队伍，解决农房违规建设问题。市级由农业农村、自然资源、住建部门组建 86 人的联合执法队伍，不定时开展联合巡查；搭建了市、乡、村三级"数字乡村"信息化服务平台。利用 12336、12316、"长垣为农"随手拍等平台，搜集违法违规线索。乡级每个乡镇（街道）组建不少于 18 人的执法队伍，全市共划分 114 个宅基地管理网格，实现了全域网格化；村级每村至少配备 1 名协管员，负责手续办理和日常监管。

## 四 围绕保护农民土地权益，健全了 "程序规范、补偿合理、保障 多元"的农村土地征收制度

长垣科学界定征地范围、规范并简化征地程序、政府出资将被征地农民全部纳入社保安置，对于以往未纳入社保但享受其他保障措施的失地农民，也允许其并入社保并给予同等补贴，进一步扩大受惠群体，受到了群众的广泛拥护。

## （一）制订正负清单，推行争议认定，实现缩小征地范围

长垣市制定了《土地征收目录（试行）》，以列举法确定土地征收范围。对于新修改的《土地管理法》中列举的 6 种可征收的情况进行了更加详细的分类，形成了包括 26 小类的征地目录。在征地目录之外还制定了负面清单，将城市规划区外的商服用地、工矿仓储用地、旅游用地、非公益性公共服务用地等全部排除在征地范围之外。建立了公共利益用地争议认定联席会议制度，负责公共利益用地争议的认定。几年来，先后将 46 宗 3818 亩不符合征地目录的土地改为入市。

## （二）完善制度配套，优化征地步骤，实现规范征地程序

一是健全征地配套制度。建立了"两制度、一机制"，即征地稳定风险评估制度、民主协商制度和补偿安置争议协调裁决机制。单个项目征地面积在 100 亩以上或者涉及拆迁 20 户以上的必须开展社会稳定风险评估；征地补偿安置方案等与被征地集体经济组织进行协商，须至少与 80% 的被征地农民协商签订征收补偿安置协议，协商不成不予征地。二是优化征地审批程序。将征地程序前置至用地报批前，并由原来的 9 个步骤简化为 5 个，分别是开展土地现状调查、发布征地告知书、开展稳定风险评估、签订征收土地协议、测算费用。三是加大征地信息公开。征地补偿安置方案公告由自然资源部门在被征土地所在村公共场

所张贴，同时在市政府信息公开网站"重点领域信息公开"专栏上公布；属依申请公开的内容，充分利用现有政务大厅等场所，办理征地信息依申请公开答复工作。截至目前，按上述要求共征地 135 宗 21518 亩。

### （三）先补偿后拆迁，配套多种选择，保障农民住房财产权益

征收集体土地上农民住宅时，按照先补偿后搬迁、居住条件有改善的原则，保障农村村民居住权利和合法的住房财产权益。农民可以选择"以地易房、以房易房、评估换房或货币补偿"① 任何一种方式进行安置，在保障被征地农户居住权利的同时，最大限度地实现住房财产权益。农户符合宅基地申请条件，暂时没有申请取得宅基地的，可以选择"以人易房"，即根据家庭成员数量，按照人均一定的面积标准置换安置房，保障农民户有所居。

### （四）落实社会保险，并行现金补偿，多元化保障被征地农民

在实践留商铺、标准化厂房、被征地农民每人每年发放 1000 元生活保障金、物业补贴、就业指导等多种安置方

---

① 以地易房，根据宅基地面积置换一定面积的安置房；以房易房，根据房屋建筑面积置换一定面积的安置房；评估换房，根据宅基地及地上房屋评估价格置换等价的房屋；货币补偿，获得宅基地及地上房屋评估价格的货币补偿。

式的基础上，重点推进被征地农民纳入社保工作，被征地农民（人均耕地不足 0.1 亩）可以自由选择企业职工或城乡居民保险。2018 年及以后新增加的被征地农民，全部纳入社保安置，不论选择何种参保险种，失地农民每人均可获得 2.68 万元补助。选择企业职工养老保险的，按照 2018 年缴费基数 2241 元（不递增）计算，除去政府给予的征地补贴外，个人累计缴费满 15 年需要 5.3 万元左右，每月可领取 750~900 元；选择城乡居民养老保险的，被征地农民在个人不增加缴费的情况下，每月至少可领取 412 元。全市已有 7878 人选择了城乡居民社保，市财政补贴 2.12 亿元，盘活了积淀的 1.3 亿元社保资金。该项举措既解除了被征地农民后顾之忧，又盘活了被征地农民社会保障费，为我国中西部省份解决征地社保费积淀问题提供了思路和出路。

## 五 围绕增值收益共享，建立了兼顾国家、集体、个人的土地增值收益分配机制

### （一）合理确定增值收益调节金比例和征地"现金返还"额度

按照土地征收转用中集体分享土地增值收益略高于入市的原则，在合理确定入市增值收益调节金征收比例的基础上，建立了征地增值收益"现金返还"制度。一是分用

途、分级别确定入市增值收益征收比例。以成交金额为征收基数，按不同用途、不同级别征收不同比例的土地增值收益调节金（见表1），以缩小不同区位不同用途土地入市收益差距。

表1　入市土地调节金征收比例

| 用途 | 调节金征收比例（按成交价款计） |
|------|--------------------------------|
| 商服 | 1～2级30%，3～4级20%，5～7级15% |
| 住宅 | 1～2级20%，3～4级15%，5～7级10% |
| 公共1 | 1～2级15%，3～5级10% |
| 公共2 | 1～2级10%，3～5级5% |
| 工业 | 5% |

二是划片区、定比例明确征地增值收益返还额度。将全市划分为4个片区，对全市2013～2017年近5年所有出让、划拨的国有土地进行了平均增值收益测算，测算出第一片区的土地平均增值收益为8.315万元/亩；第二片区为6.691万元/亩；第三片区为5.682万元/亩；第四片区为4.248万元/亩。自2018年开始，每个等级片区内征收后的土地不论按何种用途出让，均从片区平均增值收益中提取10%以现金形式返还给村集体，通过"现金返还"让农民集体合理分享土地征收中的增值收益。

**（二）科学指导集体所获收益在内部分配和使用**

按照征地和入市过程中农民个人分享收益大体相当的

原则进行内部分配，确保两项试点协调推进。一是参照入市土地所在区域的征地片区价格标准给被占地群众合理补偿，剩余部分留归村组集体，不得分配到个人，用于公共基础设施事业支出，实行"村财乡管"，并接受财政、审计等监督。二是农民集体对所获"现金返还"的使用"统分有度"。征地"现金返还"的增值收益，30%直接分配给集体经济组织，主要用于村内公益事业和公共设施建设支出；剩余70%由市财政部门统筹管理，用于全市被征地农民参加城乡居民养老保险的补贴。

# 六　围绕改革试点深度融合，建立了统筹协调推进机制

## （一）统筹集体经营性建设用地入市与宅基地制度改革

一是规范闲置宅基地退出和用途转变。推进废弃闲置农房和宅基地退出，为农村集体经营性建设用地入市提供后备资源。将退出的宅基地变更为集体经营性建设用地就地入市或复垦后形成建设用地指标调整入市，推动了农村集体建设用地高效利用和土地资产价值的显现。同时，为闲置宅基地有偿退出提供了资金来源。二是统筹集体经营性建设用地入市与"户有所居"多种保障方式。通过城中村整治入市建设商品住房，原居民通过房屋置换和面积不

足部分成本价购房，确保了集体成员至少"一户一房"，保障了原需要申请宅基地建房的农户住房需求。

**（二）统筹征地制度改革与农村集体经营性建设用地入市**

一是缩小征地范围，为入市留足空间。长垣市《土地征收目录（试行）》之外的建设用地均可入市，各乡镇项目用地均通过集体经营性建设用地入市保障，为集体经营性建设用地入市提供空间，也避免征地范围缩小制约经济社会发展用地需求。二是丰富入市用途，促进征地范围缩小。探索集体经营性建设用地入市用于公益设施项目。通过集体经营性建设用地入市的方式，保障了部分养老、教育、热力供应、污水处理等公益性项目用地，以及网络商城、乡村旅游等新产业、新业态用地，扩大了土地有偿使用范围，增强了市场机制在资源配置中的决定性作用。三是提高补偿标准，实现价格衔接。提高集体土地上房屋征收补偿标准，基本实现征收集体土地上生产性用房补偿标准与集体经营性建设用地基准地价中工业用地标准一致。

**（三）统筹征地制度改革与宅基地制度改革**

一是实行宅基地腾退与城镇建设用地供应挂钩。建立城镇建设用地增加规模同吸纳农业转移人口落户数量挂钩机制，有序扩大城镇建成区面积，有效控制农村建设用地规模。二是完善宅基地及地上房屋征收补偿标准。尊重农村村民意愿，采取重新安排宅基地建房、提供安置房或货币补偿等多种方式给予公平、合理的补偿，保障农村村民住房财产权益。

**（四）统筹三项试点工作与其他相关改革，强化改革的叠加效应**

一是依托农村土地制度改革不断健全农业社会化服务体系。全部行政村均成立了集体经济组织，组建农民专业合作社710家，其中国家级10家，省级15家，家庭农场160家，初步走出了一条标准化生产、品牌化营销，资源节约、环境友好的农业发展道路。二是依托土地制度改革深入推进"两权"抵押贷款工作。累计发放农村承包地经营权贷款28笔2.7亿元、农村集体经营性建设用地抵押贷款1200多万元。三是依托宅基地整治加快实施黄河滩区村庄迁建。宅基地复垦后以宅基地复垦券的形式在全省范围内交易，筹集资金6亿元，实现土地整治与现代农业、城乡统筹、脱贫攻坚和生态建设等"1＋N"效应。四是依托农村土地制度改革全面开展乡村治理体系建设。将改革工作与深化"四议两公开"、整顿软弱涣散村、扫黑除恶专项行动结合起来，村"两委"干部在确权登记等工作中普遍能够做到公道正派、一碗水端平，带头退出超占宅基地，彰显村"两委"班子的模范带头作用。例如，南蒲办事处甄庄村党支部书记甄国平不仅带头缴纳有偿使用费，而且还将其三弟的空闲院无偿收回，用于建设村党建广场。蒲西办事处云寨村党支部书记云振胜为推进空闲宅基地的腾退，三赴西安，登门对在外工作的相关人员解释政策，最终当事人深受感动自觉退出老家宅基地。

# 七 农村土地制度改革的启示

## （一）加强党的领导是根本保障

中国特色社会主义最本质的特征是中国共产党领导，中国特色社会主义制度的最大优势是中国共产党领导。办好中国的事情，关键在党。农村土地制度改革要充分发挥党总览全局、协调各方的领导核心作用。试点开展以来，长垣市认真贯彻落实习近平总书记"四个有利于"（有利于增添经济发展动力、有利于促进社会公平正义、有利于增强人民群众获得感、有利于调动广大干部群众积极性）的改革要求，严格落实"省委直接抓、试点地方党委负责"的主体责任，把试点工作作为"书记工程"和"头等大事"来抓，市四大班子领导齐上阵，包乡包村推进改革工作，健全每周实地督导和通报机制、考核奖惩机制、每月观摩评比机制、定期例会制度，层层传导压力、激发动力、增强合力，努力扩大改革覆盖面，取得新突破。实践证明，只有党政主要领导挂帅，切实加强党对改革试点工作的集中统一领导，才能聚合改革力量、把握改革方向、保障顺利推进。

### （二）尊重农民主体地位是重要前提

维护好、实现好、发展好农民土地权益是农村土地制度改革的出发点和落脚点。一切改革事项应从农民群众利益出发来谋划和推进，充分尊重农民集体主体地位和农民个人意愿，这样才能不断增强农民群众获得感、幸福感和安全感，实现改革的主要目标。长垣市始终维护人民群众在改革中的主体地位，从人民群众关注的焦点、生活的难点中寻找改革切入点、政策制定的着力点。改革过程中，严守土地公有制性质不改变、耕地红线不突破、农民利益不受损，不得以买卖宅基地为出发点、不得以退出宅基地使用权作为农民进城落户条件等改革底线，建立公众参与机制，保障公众的知情权、参与权、决策权，改革工作全程由各村组集体主导实施，党委、政府和业务部门只指导、不插手，所有事项都通过集体讨论、集体决策、集体执行，解决部分村组集体弱化、虚化、边缘化的问题，重新树立村组集体的领导权威。把改革的选择权、主动权、话语权交给人民，增强广大人民群众的改革主人翁精神，形成了"要我改"向"我要改"转变的强大内生动能，为农村土地制度改革提供了不竭动力和智慧源泉。例如，针对宅基地历史情况复杂、各村差异较大的现实，将闲置宅基地退出补偿标准交由农民集体组织自行决定，形成了"补房又补地、补房不补地、房地两不补"等多种补偿方式，尊重了农民意愿，彰显了实施效果。

### （三）平衡各方利益是关键所在

改革就是对既定利益的重新调整和新增利益的重新分配，妥善处理国家、集体和个人利益关系是农村土地制度改革的核心内容。在实现土地征收转用与集体经营性建设用地入市取得的土地增值收益在国家和集体之间分享比例大体平衡的探索中，长垣市率先提出按照"纵向有提高、横向能平衡，农民有增加、集体有盈余"的原则，平衡各方利益。首先，提高征地补偿标准，被征地农民补偿标准较改革前大幅提高，平均提高了40%。其次，集体获得的入市收益中，按照征地补偿标准给予被征地农民补偿，确保入市和征收过程中农民个人所获收益大体相当。最后，集体获得的入市收益中，扣除给予农民补偿后的剩余部分留归村组集体，用于村集体经济发展。在改革过程中，较好地平衡了各方利益，保障了改革的顺利推进。

### （四）解放思想、因地制宜推进是基本遵循

解放思想是推动改革创新的先导和动力，农村土地制度改革工作要想取得实效必须解放思想，敢于用创新方式解决问题、用创新举措破解难题，冲破陈旧思想观念的束

缚、突破既定利益格局的藩篱。农村土地制度改革在部署时，未明确商品住宅用地是否可以入市。随着农村土地征收和集体经营性建设用地入市试点统筹推进，根据缩小征地范围的要求，普通商品住宅显然不是公共利益需要，其入市势在必行。长垣市结合棚户区改造，率先进行了城中村整治入市用于商品房建设试验，通过规划引导、村民自治，解决了棚户区改造资金筹措难、拆迁补偿难、利益协调难等问题，为利用市场机制推进旧城改造提供了新的思路。同时，对于原居民按照建筑面积或人口数量进行安置，确保了"户有所居"，成为征地制度改革、集体经营性建设用地入市、宅基地制度改革统筹推进的典型案例。除此之外，集体经营性建设用地入市建设商品房，破解了集体土地上建设住宅不得出售给非本集体成员的难题，避免了小产权房问题，也为小产权房问题的解决探索了道路。

改革必须建立在当地实际情况的基础之上，这是客观规律，推进改革只有根据不同的情况因地制宜采取差别化的措施，才能把改革设想、改革思路和改革制度落到实处。因地制宜思想贯穿长垣市农村土地制度改革始终，如针对公职人员、外出工作定居人员担心自己退休后无法"落叶归根"，也担心父母甚至自己在百年之后无处办理白事，不情愿退出闲置宅基地的问题，引导各村建设红白事礼堂，打消在外人员无法在老家办白事的后顾之忧；针对长垣市民营经济发达、用地需求旺盛的现实，将乡镇产业用地全部通过集体经营性建设用地入市解决，避免了缩小征地范围后对社会经济发展用地的影响，也为集体经营性建设用地入市试验拓展了空间；针对宅基地有偿退出补偿资金不足的问题，市政府设立复耕基金，对各村组退出后宅基地复耕达到标准的，按 10 万元/亩予以收购；针对黄河滩区移民搬迁资金缺口，扩大宅基地复垦指标交易范围，通过复垦指标的全省交易筹集搬迁资金。

### （五）统筹协调推进是重要方法

农村土地制度改革牵一发而动全身，单一改革难以形成合力，需要在最大范围、更大程度上凝聚改革合力、释放改革红利。一是农村土地制度改革与乡村治理、农村户籍、财税、社保、金融等相关领域改革紧密相连，与整个农村改革发展稳定密切相关，必须深入研究与相关改革的关联性和各项改革措施的耦合性，注重改革的系统性、整体性、协同性。二是土地征收、集体经营性建设用地入市和宅基地制度改革你中有我，我中有你，相互关联，需要统筹协调。三是单项改革内部也存在相互关联，如宅基地有偿使用和退出，收取有偿使用费可以增加农民超占宅基地的经济压力，宅基地复垦后作为城乡建设用地增减挂钩指标，在全县范围内统筹使用或者调整入市，所得收益返还农村，又可作为宅基地退出的经济动力和有效保障。实践证明，注重统筹推进三项改革试点，更容易彰显改革成效。

# 八　推进农村土地制度改革与
# 乡村振兴相向而行

长垣经过 5 年的农村土地制度改革实践，为乡村振兴提供了制度支撑、空间支撑、资金支撑、方法支撑，实现了农民群众不断增收、集体经济不断壮大、农村用地布局不断优化、土地管理和保障发展能力不断提升，进一步促进了乡村治理有效和乡风文明，发挥了试点的探路和示范作用。改革成果引起社会各界广泛关注、改革成效得到国家的充分肯定。2019 年 6 月 13 日，国务院副总理胡春华召集 5 个试点县召开宅基地制度改革座谈会议，河南省副省长武国定、长垣市委书记秦保建应邀参会。2019 年 8 月 9 日，全国人大召开《土地管理法》修正案通过前的论证评估会，全国共有 3 个试点县（市）应邀参会，长垣市代表我国中部省份参会并发言。2019 年 10 月 15 日，自然资源部召开《农村集体经营性建设用地入市指导意见》征求意见座谈会，全国共有 6 个试点县（市）应邀参会，长垣市参会并发言。长垣市还先后在全国农村土地制度改革推进会、全国统筹推进村庄规划工作交流会等会议上做典型发言，长垣"通过集体建设用地调整入市建设乡（镇）工业园区，为促进乡村产业集聚、转型发展提供了有效平台"等经验做法被写入国务院总结报告。

## （一）保障乡村振兴的空间需求

### 1. 保障乡村发展用地

（1）保障了用地需求。通过拆旧复垦和宅基地有偿退出，共腾退盘活宅基地和集体建设用地 14239 亩，腾退、盘活的建设用地中 8778 亩用于城市规划区外的建设，其中 2957 亩用于新型农村社区建设，3285 亩用于调整入市支持乡镇创业园、扶贫车间以及新产业新业态发展，2536 亩村内自留用于村基础设施建设，大部分建设用地指标用于农村发展建设，保障了农村发展用地需求。

（2）保障了高效供地。集体经营性建设用地入市无须报省政府批准征收，无须地方政府组织征地，其用地效率大大高于国有土地。依托入市程序简便、用时较少的优势，长垣及时保障了一批项目用地需求。已完成入市的 353 宗集体土地中，有 269 宗从申请到拿到土地使用权未超过 45 天，占比 76.2%；有 229 宗从原本申请国有土地转向申请使用集体土地，占比 64.9%。驼人集团借助集体土地入市取得 37.57 亩集体土地使用权，从申请到拿到土地不足 1 个月，供地时间大幅缩短，用地效率大大提升，拿到地后不到 1 年便建成并投入使用，保障了项目快速落地、快速投产、快速见效，促进了企业快速成长和发展。入市也释放提升了土地使用效益，该地块入市后实现了每年 21 万元/亩的税收。

（3）保障了政府收益。政府出让国有工业用地存在价格倒置的问题，目前长垣市国有工业用地出让政府平均亏损约3万元/亩，而入市土地用于工业项目，省去了政府报批费用、征地费用、配套开发费用等，可以有效减轻地方政府的经济负担。长垣已入市工业项目278宗共5698亩，成交额4.29亿元，政府不但避免了1.65亿元的亏损，还按入市成交额的5%收取了2145万元增值收益调节金。

**2. 推进转型升级**

（1）促进了产业聚集。全市各乡镇结合本区域特色优势产业，通过入市建设13个乡镇创业园区，打造小微企业孵化园，已建成标准化厂房86万平方米，吸引221家企业投资入驻，成为民营经济发展的有效支撑平台。丁栾镇创业园已完成入市243亩，一期、二期已建成4～5层标准化厂房48.1万平方米，投资11.3亿元，容积率高达3.7，是省级产业聚集区规定最低容积率1.2的3倍以上，已吸纳58家卫生材料民营企业入驻，安置就业2000余人，实现年营业收入8亿元以上。乡镇创业园的建设，在促进地方特色产业快速发展的同时，也促进了"小散乱"企业的整治，规范了管理，发挥了产业聚集效应，助推了产业转型升级。

（2）保障了小微企业用地。小微企业是农民起步创业的必然阶段，由于其规模小、实力弱，受各方面政策限制，用地往往得不到保障，集体经营性建设用地入市为解决这一问题提供了很好的出路。各乡镇和村组通过空闲地和宅基地腾退出的土地，若符合城乡规划、村庄规划，小微企业可以直接选址用地；腾退出的土地进行拆旧复耕的，经验收合格产生的复耕指标可以自主支配使用，小微企业拟选址用地只要符合土地规划和城乡规划，就可以使用该复耕指标报批城乡建设用地增减挂钩（下文简称"增减挂"），然后进行入市和建设。全市共入市集体土地 353 宗 6985 亩，折合 19.79 亩/宗，其中调整入市（即增减挂）213 宗 3973 亩，占入市总面积的 56.9%；就地入市 140 宗 3012 亩，占入市总面积的 43.1%。同时，全市通过入市 1462 亩集体土地（含乡镇创业园用地）建设标准化厂房，服务 268 个工业项目成功落地，每个项目平均用地 5.46 亩，生产及办公用房面积平均为 7272 平方米。

（3）推动了特色产业发展。全市已入市起重机械产业用地 107 宗 2083 亩，面积占比 29.82%；医用卫材 112 宗 2268 亩，面积占比 32.47%。长垣两大支柱产业共入市 219 宗 4351 亩，面积占比 62.3%，保障了特色产业发展用地。集体经营性建设用地入市助力地方特色产业的专业化分工，延伸了产业链，加强了产业协同，提升了工业增加值。

**3. 培育新型产业**

通过集体经营性建设用地入市的方式，引导社会投资向乡村聚集，培育乡村产业，保障了网络商城、社会养老、乡村旅游等新产业、新业态用地 9 宗 203.1 亩。拓展宅基地功能，村庄规划范围内的存量宅基地，以出租、合作等方式盘活集体资源，用于发展乡村旅游、新产业新业态。大浪口村通过集体土地入市、"宅基地＋乡村旅游"，盘活利用村内废弃宅基地，建设风俗文化旅游度假村，实现了破败小乡村到景色宜人休闲度假村的转变，并成功创建国家 AAA 级旅游景区，吸引 40 家外来商户入驻景区从事餐饮、娱乐等经营活动，带动当地劳动力就业 230 余人，每年户均分红 4140 元，村民每年获取收益 87 万元。

**（二）增加乡村振兴的资金投入**

农村土地制度改革为乡村振兴带来了"第一桶金"，缓解了资金投入短缺的难题。

**1. 集体经济不断壮大**

农村土地制度改革有效盘活了农村资源，集体经济迅速壮大。通过产权制度改革，清查核实资产总额 198552.32 万元，其中经营性资产 7773.82 万元，集体土地 126 万亩（其中农用地 105 万亩），清理不合理合同 549 份，界定集体成员 66.64 万人，全市 596 个行政村建立了村集体经济合作社，制定了合作社章程，选举了理事长和监事长，实现了农村集体经济从无到有，由弱变强。改革以来全市集体经济收入累计实现 5.3 亿元，所有村集体经济收入实现了清零，村均收入达 88.9 万元。村集体经济收入主要来源于以下四个方面：一是集体经营性建设用地入市分取一部分。已成交的 353 宗集体土地成交总金额为 6.69 亿元，其中政府收取调节金 0.48 亿元，村集体获得收益 3.14 亿元，农民获得收益 3.07 亿元。二是宅基地制度改革创造一部分。通过实行宅基地有偿使用制度，507 个村庄共收取宅基地有偿使用费 8904 万元。宅基地复垦形成的建设用地指标共交易 3046 亩，获益 3.046 亿元，其中村集体获得收益 1.553 亿元，用于群众补偿 1.493 亿元。三是土地征收制度改革返还一部分。已有 25 个村集体和农民共分享 3208 万元土地增值收益，村集体获得收益 962.4 万元。四是承包经营权流转获得一部分。2019 年以来，村组集体通过承包经营权流转获得收益 4100 万元。

**2. 群众收入不断增加**

长垣突出念好"农民增收经"，让农民群众共享改革发展成果。通过承包经营权流转，农民群众年均稳定获得流转收益 19967 万元。通过发展集体经济，群众每年实现分红 2272 万元。入市土地用于建设扶贫车间，让适合农村的产业回归农村，当地群众和贫困人口在分享入市土地增值收益的同时，还可以在家门口就业，实现了 1206 个贫困人口通过入市收益及工资收入稳定脱贫。2017 年长垣市经济社会发展综合评价位居河南省县级第 1 位，2018 年农村居民人均可支配收入较 2014 年累计增长 73.6%。

### 3. 企业创收不断增长

改革增强了社会经济活力和企业发展后劲，提升了企业生产经营能力和创收能力。

（1）盘活了企业房地资产。通过集体经营性建设用地入市解决了一批历史遗留用地问题，入市后的土地及地上建筑物办理不动产登记后，不仅提升了企业投资信心，还可以进行抵押融资，使"死资源"变成了"活资产"。通过入市共帮助企业解决历史遗留问题146宗3271亩，盘活企业土地、厂房等资产65.4亿元，42宗1278亩僵尸用地和闲置低效用地焕发了新的生机，入市后有贷款需求的企业已申请获得贷款1.68亿元。

（2）激发了经济活力。全市入市工业项目278宗5698亩，面积占比81.57%；入市商业用地（含旅游）29宗549亩，面积占比7.86%；入市公共服务用地（含养老、教育、医疗等）46宗738亩，面积占比10.57%。入市项目累计实现固定资产投资128亿元、产值183亿元、营收154亿元、税收18.6亿元，带动就业3.4万人。

（3）降低了用地门槛。集体经营性建设用地入市方式较为灵活，可以采用出让、租赁、作价出资入股等方式，其中租赁入市可以大大减轻企业用地负担，切实降低用地门槛。全市已入市土地中，结合群众和企业意愿，租赁入市141宗2791亩，面积占比39.96%；集体土地入市既可以挂牌出让，又可以协议出让，企业的用地意向可以得到有效保障，使其可以更加确切、明确地运作相关土地手续。全市入市土地中，协议入市 212 宗 4193 亩，面积占比 60.03%。集体经营性建设用地入市有效解决了民营企业用地难、用地成本高的问题，提升了企业创收能力。

### （三）强化乡村振兴的人才支撑

通过改革，乡村环境得到全面改善，城乡差距不断缩小，能够把走出去的人"引回来"，把有能力的人"留下来"，实现人才、技术等发展要素由单向输送向双向流动转变。

**1. 改革使乡村环境全面改善**

（1）美化了农村公共生态空间。集体建设用地腾退后复垦为耕地 8101 亩，因地制宜建设"四园"（花园、游园、果园、菜园）3882 个，实现了农村生态环境和人居生活环境的同步改善。蒲西街道云寨村结合宅基地制度改革，高标准开展自然村落改造和农村环境综合整治，实现了破败村向示范村的华丽转身。因地制宜建设"四园"，绿化面积达 2.6 万平方米，绿化率达 45%，让村庄变"绿"；编制花香云寨村庄规划，按照"云中花园、寨上人家"形象定位，以花为主题，对三街十二巷墙体、宅院、坑塘、空闲院进行改造，建设墙体小品 7 个，完成墙体绘画 1.2 万平方米，让村庄变"美"。

（2）优化了农村公共生活空间。利用腾退的 3994 亩建设用地，规划建设了标准化村室 437 个、停车位 13715 个、日间托老中心 90 个、标准化卫生室 543 个，把消极闲置的私人空间变成了开放共享的公共空间。

（3）强化了农村公共文化空间。利用腾退后的宅基地和闲置房屋，建成党群文体广场 541 个、大礼堂 64 个、四点半课堂 129 个、村史馆 120 个，逐渐补齐了乡村文化生活服务短板，让村民开展活动有场所、接受教育有平台。

**2. 改革使城乡差距不断缩小**

改革所取得的收益，使村组集体有能力改善和提升农村基础设施条件，建成农村水冲式公共厕所 670 个，农户水冲式厕所 14.96 万户、覆盖率达 93.49%，建成污水处理站 367 个、垃圾分拣站 116 个、垃圾中转站 16 个、垃圾焚烧发电站 1 个，修复整治坑塘 794 个，铺设燃气主管网 488 公里，发展燃气用户 6.7 万户。开展示范创建工程的村庄数量达到 446 个，占规划区外村庄的 89%，实现市场化保洁、垃圾集中收集处理、生活污水处理等 12 项城乡基础设施和公共服务建设的全覆盖。构建"11115"乡村振兴创建标准体系，即每个行政村都要编制一个多规合一的村庄规划，成立一个集体经济组织，开展以土地制度改革为主的一揽子改革，制定一个三年行动计划，实施畅通、净化、绿化、美化、文化五大工程。实施 3 年投入 18 亿元的"369"财政投入计划，即市财政 3 年内分别安排 3 亿元、6 亿元、9 亿元"五星级示范创建村"奖补资金，给予成功创建村 50 万～1200 万元的奖励，城市规划区外村庄已有 446 个村参与乡村振兴示范创建，占比 89%。

**3. 改革使发展要素有序回流**

产业回归、工厂回迁、人才回流已成为长垣发展的新常态。通过入市为产业集聚区和乡镇创业园新增用地 1462 亩，服务 268 个工业项目成功落地，创造产值 142 亿元。这些项目均在广大农村地区，其中 173 个项目为产业回归和工厂回迁，吸引高素质人才 2131 人，为乡村发展提供了不竭动力。长垣市本土企业——驼人集团自 2015 年至今，共吸引招聘本科生 1502 人、硕士 350 人、博士 9 人，高素质人才的汇集促进了企业快速成长和发展。

## （四）完善乡村振兴的治理体系

改革改出了乡村秩序，使乡村治理发生了变化。群众与群众之间、群众与组织之间、生产组织和社会组织之间，通过共同的经济利益，搭建了联系的载体和纽带，建立了管理的通道和途径，改变了以往"分田到户、各干各事"的局面。

**1. 强化了基层组织的管理能力**

完成全市 596 个村级集体股份经济合作社组建，并进行了登记颁证，赋予其市场主体地位。理清自治组织和经济组织在集体资产管理上的职责权限。集体股份经济合作社负责集体资产管理运营，发展壮大集体经济；村民委员会负责村级事务管理，提供高效的公共服务，实现"农民增收有保障、集体发展有后劲、公共服务有效率"。"基层党组织＋村民自治组织＋集体经济组织"三位一体的治理体系，使村民松散的关系变为紧密的、市场的、法治的有机联系，实现了基层治理"政经分离"，提升了乡村治理水平。

**2. 提升了基层组织的战斗能力**

扎实推进抓党建促乡村振兴，把基层党组织活动融入农村土地制度改革。把改革作为党组织工作能力的磨刀石，把"能改革、会改革"的 87 名同志吸收进党支部。在工作中改进作风，在转变作风中促进工作，通过土地制度改革，村组集体获得收益 4.9 亿元，使村集体有资金、有条件加强公共服务保障，基层党组织壮大了实力、提升了能力，彰显了基层党组织的感召力、凝聚力。

**3. 增强了基层组织的自治能力**

通过宅基地"三权分置"，改变了农民宅基地私有的观念，强化了土地公有意识。通过宅基地有偿使用和退出，整治了一户多宅、超标准占用和闲置宅基地，贪占、多占宅基地的现象得到初步遏制，使农民树立了节约集约用地意识。通过产权制度改革建立"党组织＋村集体＋合作社＋农户"的利益联结机制，强化了群众与村级组织的紧密联系。通过组建村民事务理事会、制定村规民约，形成民事民议、民事民办、民事民管，集体讨论、集体决策、集体监督的村民参与机制，农村社会治理成效大幅提升，土地管理秩序得到规范。2019年全市宅基地纠纷较2014年同期下降71%，新增违法用地较2014年同期下降72.3%。

# 九　结语

长垣市把农村土地制度改革作为助推市域经济高质量发展的有效抓手，作为引领农村综合改革的重要手段，坚持全域全面铺开，聚焦矛盾问题，敢于触碰痛点难点，进行充分试验。经过5年多的改革探索，理清了发展思路和发展路径，培育了特色主导产业和新兴产业，促进了城乡融合和协调发展，提升了治理方式和治理能力，通过改革促进乡村振兴中空间、资金、组织、人才要素缺失等问题解决，为乡村振兴注入了动力与活力。长垣市的改革探索也为《土地管理法》修改提供了有力支撑，住宅征收补偿注重保障农村村民居住权利和合法的住房财产权益、集体经营性建设用地入市严格履行民主决策程序、鼓励农户自愿有偿退出闲置宅基地等实践做法均被新修正的《土地管理法》所认可。

"改革只有进行时、没有完成时"，长垣市在土地制度改革取得明显成效的同时，也面临一些问题需要进一步深入研究探索。如新修改的《土地管理法》允许符合规划的增量集体经营性建设用地入市，新增集体经营性建设用地入市后，原土地承包经营权人相当于失去了土地，由于不属于土地征收，无法像被征地农民一样纳入社保，如何保障被占地群众的长远生计，需要进一步探索；集体经营性建设用地入市用于商品房开发，如何化解对当地房地产市场和政府国有土地出让收入的影响，如何办理相关手续，需要配套制度的建立；《土地管理法（修正案）》虽提出了可以征地的六种情形，但第六条"其他情形"条款仍有可能导致土地征收范围无限延伸，缩小征地范围仍需进一步探索；征地补偿标准和程序仍有进一步完善的空间；新修改的《土地管理法》规定，人均土地少、不能保障一户拥有一处宅基地的地区，县级人民政府在充分尊重农村村民意愿的基础上，可以采取措施，按照省、自治区、直辖市规定的标准保障农村村民实现户有所居。这其中户有所居"规定的标准"究竟是何标准有待进一步明确；宅基地"三权分置"的具体实现形式，尚未形成可复制、可推广的经验，资格权的内涵和权能亟待明确。

问题就是方向、需求就是目标，综观40年农村土地制度变革，历次重大创新无不发端于基层实践、决断于农民自主选择。解决土地制度改革中面临的问题，需要长垣市不断积极探索与创新。在总结之前农村土地制度改革三项试点成功经验的基础上，长垣市需继续认真落实中央关于农村土地制度改革的新要求，按照中央新的改革部署，结合实施乡村振兴战略，进一步增强农村土地制度改革的系统性、整体性、协同性，对需要继续深入探索的，坚持目标导向和问题导向，不断把改革引向深入，释放更多的改革红利，为国家完善土地制度提供实践支撑，为长垣社会经济发展提供资源保障。

# 分报告六

# 长垣党建引领治理现代化之路

长垣市是一个由于区位劣势突出、自然资源匮乏、经济社会发展相对滞后而成为各项工作都位居前列的典型。在区域化建设中，市委始终把加强党的建设作为核心任务，以党的建设引领治理现代化，取得了经济社会高质量快速发展。

## 一 "十三五"时期发展成效

"十三五"以来，市委把坚持"四个着力"（着力推动经济持续健康发展、着力做好农业农村农民"三农"工作、着力保障和改善民生、着力建设德才兼备的高素质执政骨干队伍），打好"四张牌"（以发展优势产业为主导推进产业结构优化升级、以构建自主创新体系为主导推进创新驱动发展、以强化基础能力建设为主导推进培育发展新优势、以人为核心推进新型城镇化），推进县域治理"三起来"（把强县和富民统一起来、把改革和发展结合起来、把城镇和乡村贯通起来）、乡镇工作"三结合"（把改进作风和增强党性结合起来、把为群众办实事和提高群众工作能力结合起来、把抓发展和抓党建结合起来）作为做好各项工作的总遵循，团结带领长垣各级党员干部群众开拓进取、勇毅前行，保持了经济社会发展态势持续向好。2017年度县（市）经济社会发展目标考核评价排名全省第1位；2018年度非重点生态功能区县（市）经济社会高质量发展目标考核评价综合排名全省第2位，GDP年均增长7.9%，总量跃居新乡市的县（市）首位，在全省从2015年的第26位提升至2019年的第12位。公共财政预算收入年均增长17.3%，增速及税收占比稳居全省县（市）前列。纳税超千万企业达85家，是2015年的2.8倍；纳税超亿元企业达6家，比2015年多5家。先后被评为国家农产品质量安全县、全国农村职业教育和成人教育示范县、全省平安建设工作优秀县、全国财政支持深化民营和小微企业金融服务综合改革试点城市、政府购买服务改革工作全国联系点。PPP模式受到国务院激励表彰。2020年被评选为全省第一批县域治理"三起来"示范县，评价得分排名全省第1位。

2020 年全市生产总值完成 490.17 亿元，较上年增长 4.9%，增速居全省直管县第 1 位；固定资产投资同比增长 6.2%，增速居直管县第 2 位；一般公共预算收入完成 34.08 亿元，同比增长 12.5%，税收占比达到 85.1%，收入总量、增速和税占收比分别居全省第 8 位、第 5 位和第 1 位；规模以上工业增加值同比增长 8.3%，居省直管县第 1 位；社会消费品零售总额同比增长 0.1%；居民人均可支配收入同比增长 5.3%。

### （一）打赢脱贫攻坚战

贫困人口大病救治率达 100%，农村危房改造超额完成国家及省定目标任务。完成乡镇敬老院改造 17 所，建成投用村级养老中心 55 所，4885 名分散供养的特困老人和独居老人实现集中服务，集中供养率由原来的 11% 提高到 80% 以上，入选河南省智慧养老服务平台建设试点。在"百企帮百村"基础上开展"千组帮千户、万家帮万人"活动，443 家企业、829 个党组织和社会组织、10482 名爱心人士踊跃参与脱贫攻坚。建立全省首家县级爱心超市以及 33 家乡镇爱心超市。现行标准下 1247 户 2477 名贫困人口全部脱贫，新脱贫户年人均纯收入达 11080.09 元。

### （二）民生保障扎实推进

仅 2020 年各项民生支出就达到 51.2 亿元，占一般公共预算支出的 72.4%。基本医疗保险、基本养老保险、失业保险、工伤保险和生育保险参保率达 100%。就业信息平台建成投用,新增城镇就业、失业人员再就业、就业困难人员就业、新增农村劳动力转移就业,分别完成省定目标的 151.54%、146.43%、154.75%、200.02%。燃气主管网通达所有乡镇区。连续 3 年省重点民生实事完成情况排名省直管县市第 1 位。

### (三)集体经济发展壮大

实施"11115"乡村振兴计划,全县(市)行政村全部成立了集体经济组织,"党组织 + 村集体 + 合作社 + 农户"的利益联结机制初步构建,已有 535 个行政村通过出让、租赁、作价出资等形式实现资源变资产,试点村集体经济年收入达到 15 万元。被评为全国乡村治理体系建设试点县。

### (四)教育形势喜人

豫北首个临床院士工作站落户长垣。提前完成"全面改薄"任务。高考一本上线人数逐年升高,常年位居省直管县市和新乡县市前列。累计新建改扩建公办幼儿园 44 所、公办中小学 150 所。农村职业教育与成人教育示范县顺利通过复审。被评为全国农村职业教育和成人教育示范县。

## （五）卫生事业大发展

新建改扩建标准化卫生室 235 座。实现县（市）域所有乡村环卫保洁清运全覆盖，农村生活垃圾"日产日清"。运行全域垃圾分类、收集、运转、再利用、焚烧发电的处理模式。污水处理、农村保洁市场化运维，实现了全域厕污改造、城乡保洁、空间治理一体化。建成环卫保洁智慧化管理平台，城区保洁实现机械化湿法作业全覆盖。农村改厕完成 10.71 万户，持续走在全省前列，成功创建省级卫生城市。市人民医院顺利通过"二甲"复审，县域医改经验入选《全省深化医改典型案例选编》，被国家卫健委评为"紧密型县域医疗卫生共同体建设试点县"。

## （六）文化事业蓬勃发展

举行大型文化活动 28 场、群众文化活动 2200 余场，打造了"锦绣长垣"公益课堂、"墨香长垣"系列书画活动、"文化进万家"志愿服务活动、"我们的节日"印象长垣、民俗文化旅游节等五大特色文化品牌。倾力打造"赛事之都、健康之城"，累计举办承办国际马拉松、环中原自行车赛等省级以上体育赛事 20 余次，承办 2018 年全省新春广场健身操舞大赛等省级活动。5 年来累计举办承办省级以上产业博览会、高峰论坛等 58 次，参加人次累计超 300 万。2016 年被评为"全国科普示范县"，2018

年长垣图书馆获评"国家一级图书馆",市中国烹饪文化博物馆被中国侨联确认为"第八批中国华侨国际文化交流基地"。公共文化服务体系考核位居全省第一队列。

### (七)公共交通实现跃升

投入共享单车8440辆,纯电动公交车140辆,在全国县(市)中第一个引入共享单车,第一个实行公交车免费乘坐。全市乡村通车里程达到2015.2公里,被评为全省万村通客车提质工程示范县。

### (八)文明创建取得硕果

深化以文明城市创建为龙头,创建文明村镇、文明单位、文明校园、文明家庭等活动。2017年成功创建第五届全国文明城市,2020年蝉联第六届全国文明城市,较上一届前移了5个位次。累计创成全国文明村镇4个、省级文明村镇4个、省级文明社区1个,全国文明单位2个,省级文明单位(标兵)26个,县级以上文明村占全市行政村的比例达74.16%。长垣市共入选全国道德模范(提名奖)2人,入选河南省道德模范(提名奖)、文明家庭、乡村好媳妇、文明市民、优秀志愿者等7人,入选新乡市道德模范(提名奖)、新乡市文明家庭、乡村荣榜人物22人,入选"中国好人"7人、"河南好人"2人、"新乡好人"共21人。探索创新了"1+5+6+7+8+10+N"的市乡村三级联动新时代文明实

践工作模式，形成 1 个志愿服务总队、5 个管理办公室、6
大平台、7 大提升行动、8 有文明实践站标准、10 支专业志愿
服务队伍的工作格局，建成 15 个民间志愿服务协会和 N 支志
愿服务队伍、近 10 万名志愿者的志愿者队伍，推动文明实践
触角延伸至基层末梢，飞入寻常百姓家。评定四星级志愿者 18
人，三星级志愿者 13 人，二星级志愿者 108 人，一星级志愿者
809 人。接受群众点单 3264 个，组织大型新时代文明实践活动
468 场（次），培育新时代文明实践项目 83 个。新时代文明实
践巡讲巡演巡展"三巡"活动被推荐为省典型案例。蒲西街道
向阳社区荣获全国"四个 100 最美志愿服务社区"。

### （九）社会治安稳固发展

全域建成网格 4396 个，配备网格员 4605 名。投资 1.3
亿元建设综治"雪亮工程"，架设摄像探头 4977 个。建成
全省首家"微警局"，全国首家信访心理咨询室，公众安
全感指数、政法机关执法满意度常年位居省直管县和新乡
各县（市）前列，2019 年被评为全省平安建设工作优秀
县，2020 年获评全国信访工作"三无"县。

### （十）生态环境更加优化

认真践行绿水青山就是金山银山理念，大力推进绿环、
绿廊、绿园建设，建成围村林 411 个，完成公路廊道绿化
1816 公里，总投资 28 亿元、总占地 1.8 万亩的黄河湾森林

公园和王家潭湿地森林公园开工建设。国储林项目顺利进入财政部 PPP 项目库。坚持路网、水网、林网"三网融合"理念，累计完成路河渠绿化 931.2 公里，完善农田林网 27.9 万亩，完成造林 10.61 万亩，森林抚育经营 6.82 万亩，全民义务植树 1810 万株，林木覆盖率达到 34.97%，新增公园绿地 35.6 万平方米、道路绿地 62.3 万平方米，建成区绿地率达到 37.29%、绿化覆盖率达到 41.18%，人均公园绿地面积达到 12.31 平方米。

先后成功创建省级食品安全示范市、国家节水型城市、数字乡村示范县，2020 年成功创建省级森林城市，乡村振兴展现新气象，先后在全省县域经济高质量发展工作会议、省委十届十一次全会上做典型发言介绍经验。

今天，长垣人在党的旗帜下，凝心聚力万众一心，正向着争创全国 500 强的新目标砥砺前行。

## 二 牢记使命，加强思想建设

思想是行动的先导。市委带领全市党员、干部、群众凝心聚力，脚踏实地，苦干实干拼命干，做到了思想到位、政治领先。

### （一）理论武装

高举中国特色社会主义伟大旗帜，坚持以习近平新时

代中国特色社会主义思想为指导，全面贯彻党的十九大和
十九届二中、三中、四中、五中全会精神，认真落实习近
平总书记视察河南时的重要讲话和指示批示精神，增强
"四个意识"、坚定"四个自信"、做到"两个维护"，在
思想上政治上行动上同以习近平同志为核心的党中央保持
高度一致。下发《中共长垣市委宣传部关于健全和完善理
论学习制度机制推动党员干部理论学习提质增效的通知》，
持续加强党委（党组）理论学习中心组学习工作，进一步
完善市委理论学习中心组学习制度，坚持逢学必考、以考
促学的五学联动机制。建立党委（党组）会议"第一议
题"、中心组巡听旁听、学习通报、理论学习先进典型的
选树推介制度。截至目前，组织市委理论学习中心组集中
学习 100 余次，理论测试 30 余次。抽调部门主要负责人
和一些宣讲骨干，组建党的创新理论市委宣讲团、百姓宣
讲团，深入各单位开展宣讲。深入开展"党的创新理论万
场宣讲进基层"活动 800 余场，采取领导干部讲党课、微
党课等形式宣讲，让党的创新理论进机关、进社区、进校
园、进企业、进农村、进网络。"学习强国"注册人数、
参与度稳居新乡市各县（区）前列。强化学习强国推荐稿
件工作，5 年来学习强国上稿 200 余篇。深入推进"两学
一做"学习教育常态化制度化，扎实开展"不忘初心、牢
记使命"主题教育活动，用党的创新理论武装全党，把全
市广大党员、干部的心思和精力凝聚到改革发展和干事创

业上来，坚决做新时代长征路上的坚定者、奋进者、搏击者，凝心聚力、众志成城，全力谱写新时代长垣市发展新篇章。

### （二）树立大局观

教育引导长垣人站在长垣心系全国。新冠肺炎疫情防控阻击战中，在做好自身防控的同时，积极为国家分忧，千方百计服务医用防护物资生产企业复工复产、扩能增产，累计发放财政补贴资金5254万元，投放专项贷款9.69亿元，为企业培育储备一线工人7000多人、新增生产设备2000台，办理一类生产备案44家、一类产品备案139个。全市医用口罩日产能从最初的32万只增加到5100万只，医用防护服日产能从最初的1980套增加到10万套，累计调拨、支援疫情灾区医用防护服109.05万套、医用口罩2.18亿只，受到国务院物资组表扬和省领导肯定，长垣城市宣传片、抗疫专题片登录央视。驼人集团总裁王国胜被授予"全国抗击新冠肺炎疫情先进个人"荣誉称号，亚都集团被评为"全国抗击新冠肺炎疫情先进集体"。

### （三）培育长远发展观

先后将1324户6867名滩区群众全部搬迁入城，并妥善安排其就业、入学、入托，既从根本上解决了这些人员的脱贫和安全问题，又为企业解决了用工难问题，也为实现新的经济增长点和城市发展提供了人力资源。同时，把确保黄河安澜与加强黄河生态保护结合起来，稳步推进贯孟堤堤岸加高、涵闸除险加固、滩区生态治理等项目，加快临黄堤绿色廊道、沿黄生态涵养带建设，全市湿地保护率达76.53%，超额完成46%的省定目标。大留寺控导工程被"黄委会"评为示范工程。

### （四）坚持以人民为中心的发展理念

始终坚持初心不改、人民至上。5年来，坚持把人民群众对美好生活的向往作为奋斗目标，以民生改善的实绩检验高质量发展的实效。尤其是在宅基地改革中，通过优化制度设计，最大限度地维护群众利益，增进群众福祉，收取的超占费建成了养老中心、停车场、村民大礼堂，切实改善了农村公共服务设施和人居环境质量，充分体现了一切为了群众、依靠群众、服务群众的以人民为中心的思想。

### （五）唱响党员先锋模范作用主旋律

我是共产党员，有困难我来，有危险我上，在抗疫排险、经济社会建设中，广大党员成为一面旗帜，成为善作为、勇担当的主旋律。5年来，在急难险重火线和重点工程项目一线，先后发现培养吸纳38名（新发展党员3451

名，其中农村党员 2012 名）积极分子入党，党的组织不断吸收新鲜血液，党员队伍焕发勃勃生机。

# 三　围绕中心，加强组织建设

建立严密的组织体系，是落实各项任务的重要保障。始终坚持抓基层，夯实基础。

## （一）高质量完成村（社区）"两委"换届选举

《河南组工换届专刊》4 次介绍长垣经验做法，受到省市领导的充分肯定，举办新当选党支部书记任职培训班，推行《长垣农村党员积分管理考评办法（试行）》，累计建成标准化村室 437 个，村级党群文体广场 541 个，使基层组织振兴乡村有思路，管理党员有章法，引导群众有平台。

## （二）实现党组织全覆盖

通过开展"大走访、大宣讲、大讨论"活动，摸清了基层组织建设的"家底"，建立了 3233 人的乡土人才库、1491 人的后备干部库。完成城市居民小区党员信息排查采集 7200 名。强化四级城市党组织互调互动，形成市域内自上而下纵向贯通的党建新模式。不断完善"党建＋项目三个一线"工作机制，坚持建强企业基层党组织不放松，做到企业发展到哪里、项目建在哪里，党的建设就跟进到哪里，有力推动党建工作与项目建设同频共振、互促共赢。5年来先后成立"两新"党组织 34 个，全市 371 个企业和247 个重点项目全部建立了党组织，做到了基层党组织全覆盖。通过"五个一批"（从现有"两委"成员中优育一批，从外出务工经商人员中优招一批，从退休干部、教师等人员中优请一批，从退伍军人中优选一批，从机关党员干部中优派一批）选优配强村支部书记 198 人。推进党支部标准化规范化建设，进一步增强农村党组织的凝聚力和战斗力。

### （三）探索"党员联户 + 积分管理"治理模式

持续开展"支部联支部、党员联农户"的"双联"活动，从助力脱贫攻坚到推动"五个共建"（干部共建、村企共建、干群共建、区域共建、党群共建），不断深化机关党建与基层党建融合互促。396 个市直单位和 5 个街道机关党支部，与 219 个农村党支部结对共建。开展"学先进群体、创五星支部"活动，已累计评选农村"五星党支部"4 批 170 星。成功创建省级农村基层党建示范村 3 个、市级示范村 28 个。全面推行农村积分管理，聚焦村干部、党员、村民代表、村民、贫困户 5 类群体，合理设置积分事项，建设"党群积分兑换超市"，调动党员群众广泛参与乡村治理。

### (四) 创新挂钩村干部薪酬

对成功创建乡村振兴达标村、一星级示范村、二星级示范村、三星级示范村的，在原有固定工资的基础上，所在村党组织书记每月分别奖励 500 元、1000 元、2000 元、3000 元，村委会主任和其他"两委"成员按党支部书记的 80%、60% 同步奖励，激励干事创业动力。

## 四　强化效能，加强制度建设

制度具有规范性、长效性。为有效引领和保障经济社会高质量发展，长垣建立起了比较完善的制度体系。

### (一) 市委带头，用制度约束

修订完善并严格遵行《中国共产党长垣市委员会工作规则》《中共长垣市委常委会议事决策规则》，坚决贯彻执行民主集中制，实行民主决策、科学决策。制定《长垣县党委（党组）意识形态工作责任制考核办法（试行）》《意识形态工作责任制约谈办法》，每年召开意识形态联席会议3 次，开展意识形态专项督导 1 次，确保网络安全无事件。

### (二) 规范执行党的"三会一课"制度，明确奋斗目标

按照中央的大政方针、上级的规定，结合当地当前实

际，定期召开支部党员大会、支委会和党小组会，党课由书记、副书记或请上级领导、专家授课，使大家明确方向、瞄准目标、凝心聚力。

### （三）修订村规民约，提升村民自治

印发了《关于进一步修订村规民约、居民公约助推乡村振兴的指导意见》，将村规民约、居民公约工作与推进乡村振兴、乡风文明建设、扶贫扶志行动、扫黑除恶相结合。全市596个行政村全部修改完善了村规民约。

### （四）完善提案制度，增强"主人翁"责任感

印发了《中共长垣县委组织部　长垣县民政局关于在全县推广应用"村（居）民代表提案制"的通知》，全面推广应用"村（居）民代表提案制"与"四议两公开"（"四议"：党支部会提议、"两委"会商议、党员大会审议、村民代表会议或村民会议决议；"两公开"：决议公开、实施结果公开）制度相结合。乡村一级按照协商于民、协商为民的要求，建立和完善在村党组织领导下的村民民主议事协商制度，依托村民会议、村民代表会议、村民议事会、村民理事会、村民监事会，在农村开展村民说事、民情恳谈、百姓议事、妇女议事等各类协商活动。

### （五）建立村级事务公开制度，让百姓有本"明白账"

设立"村民微信群""乡村公众号"，按照"统一公开

栏名称、统一公开形式、统一公开内容、统一公开程序"等规范要求，梳理村级事务公开清单，及时公开组织建设、公共服务、脱贫攻坚、工程项目等重大事项，村民事务及时公开，做到了亮家底人所共知、建新村凝心聚力。

# 五 从严治党，加强班子建设

各级领导班子是领导现代化建设的核心。坚持从严治党，不断筑牢和提升各级领导班子的凝聚力、向心力和战斗力。市委抓政治领导力态度坚决，旗帜鲜明讲政治，从严从实抓党建，严肃认真抓班子，坚持召开常委会会议，专题研究党建和班子建设，占议题总数的 37.2%。

## （一）强化自律筑防线

市委常委班子从自身做起，高度重视自身建设，带头抓好省委第六轮巡视反馈意见的整改工作，带头投入"不忘初心、牢记使命"主题教育的生动实践，更加自觉廉洁从政，严格执行中央八项规定及其实施细则精神，以自身过硬带动全市党员干部作风清正。按规定定期召开民主生活会，会前各自充分准备，按工作分工，主动征求上级主管领导、有关部门和分管部门意见，撰写发言材料，重点是问题和不足；会上开展严肃认真的批评与自我批评，提出具体的整改措施和时限；会后进行整改，而后再次召开常委会，汇报整改落实情况，并逐人逐项登记备案。对下级各级领导班子同样要求，并由组织部门派出专人参加下一级班子的民主生活会。

### （二）主动征求意见照镜子

比如定期听取人大、政协等组织和人大代表、政协委员的意见建议，做到听取意见虚心，整改诚心，落实到位，及时反馈。

### （三）自觉接受监督强免疫

坚持"四公开一监督"，设立公开栏，做到党务公开、政务公开、财务公开、领导干部个人重大事项公开，公布举报电话，使领导班子、领导干部在阳光下作为，敬畏权力，敬畏事业，敬畏人民，常怀敬畏之心，自觉接受民主监督，做到廉洁自律，防微杜渐。

### （四）强化外部监督增动力

扎实推进中央巡视河南反馈问题整改，结合自身实际，48项整改事项全部做到立行立改、持续推进，引导各级党组织和党员干部树牢"四个意识"（政治意识、大局意识、核心意识、看齐意识）、做到"两个维护"（坚决维护习近平同志党中央的核心、全党的核心地位，坚决维护党中央权威和集中统一领导）。市委对所辖区域领导班子每年完成

3 轮巡查，覆盖 2 个乡镇（街道）、13 个单位和全部 52 个省定贫困村，市委常委会定期听取巡查情况汇报，对发现的问题及时反馈，突出整改要求，对整改情况适时进行回头看巡查，做到扎实推进，逐一整改，不落项不留尾。同时，加强对领导干部"社交圈""生活圈""休闲圈"的监督，全县（市）各级领导干部和公职人员均签订了不参与"小圈子"等行为承诺书，制定履行全面从严治党"两个责任"（党委负主体责任、纪委负监督责任）正面清单及负面清单。坚持全面从严治党永远在路上，5 年来先后追究落实主体责任不力 18 人，落实监督责任不力 11 人；运用"四种形态"（一是党内关系要正常化，批评和自我批评要经常开展，让咬耳扯袖、红脸出汗成为常态；二是党纪轻处分和组织处理要成为大多数；三是对严重违纪的重处分、做出重大职务调整的应当是少数；四是严重违纪涉嫌违法立案审查的只能是极少数）处理 828 人，其中第一种形态 489 人，占比 59.1%，体现了抓早抓小、动辄得咎。开展"四风"（形式主义、官僚主义、享乐主义和奢靡之风）隐身变异问题专项整治、"小金库"专项治理和红白喜事大操大办专项整治三场攻坚战，共查处"四风"隐身变异问题 20 个、"小金库"88 个、违规操办婚丧喜庆事宜典型问题 11 起，党纪政务处分 38 人、组织处理 16 人；从严整治涉黑涉恶腐败问题和"保护伞"问题，党纪政纪处分 10 人，组织处理 1 人，移送司法机关处理 3 人。以深化省委第六轮巡视反馈意见整改为契机，开展了"拜朋儿、圈子文化"，干部人事档案，形式主义、官僚主义，侵害群众利益不正之风和腐败问题等21项专项整治。调查核实涉嫌"假干部、假党员、假学历"人员31名，依规依纪处理28名；就侵害群众利益不正之风和腐败问题给予党纪政务处分59人、组织处理4人；就违反中央八项规定精神问题给予党纪政务处分26人，组织处理7人，政治生态持续巩固优化。

# 六　以法治市，加强法治建设

建设法治社会，保持社会长治久安、公平正义、人心顺畅，是人民群众获得安全感、幸福感最直接、最有效的重要手段，也是经济社会高质量快速发展的有力保障。市委认真学习贯彻习近平法治思想，把法治建设作为一项主要工作列入重要议事日程，牢牢抓在手上。主要是"六抓"。

## （一）抓法治宣传教育，提升全社会法治理念

一是召开法治（政策）宣讲会、个人谈心会、群众议事会，以案说法，以理论法，让法律规范走进人们的心坎里，走进百姓的日常生活里，自觉学法、守法、用法、护法，做到有话敢说、有意见敢提、有诉求敢讲，对正当权

益勇于维护，对正能量积极拥护，对歪风邪气敢于批评斗争。二是建设乡镇法治教育课堂，充实乡村活动室法律图书，摆放基础性法律知识读本，满足村民不同的法律需求，形成人人学法用法的浓厚氛围。三是组织开展《民法典》宣讲暨人民调解员、"法律明白人"培训基层行系列活动，让法律法规在基层、在农村生根、发芽、开花、结果。四是联系实际普法。聚焦当下农村关注的热点难点问题，开展村民说事、民情恳谈、百姓议事、妇女议事等各类活动，在说、谈、议中使法律常识得到普及。通过唠家常、谈心等形式让群众畅所欲言，找准切入点，引导村民提出对乡村建设、村庄治理的思考与建议，充分调动广大群众参与乡村治理的积极性，提升了村级重大事项决策制度化、民主化、科学化、规范化水平。

### （二）抓队伍，提升社会治理水平

一是选优配强村（社区）党支部书记，夯实基层战斗堡垒基础，实现党对社会治理的坚强领导，明确党的书记是社会治理的第一责任人。二是农村（居委会）法律顾问、村代办员、网格员、调解员等基层服务人员融为一体，协同作战，形成合力，划片分工担责，提高了工作效能。三是发挥民间组织和乡贤作用，重点培育了一批有号召力的党建引领明白人及对市场定政策、做决策的经济发展明白人、学法守法用法的法律明白人、乡村事务明白人和乡村管理明白人，鼓励贤达能人通过参与村民议事会、道德评议会、红白理事会、禁赌禁毒会和孝善理事会等自治组织，不断破解发展难题，提高乡村治理能力。樊相镇留村全村42名党员分成文明建设、矛盾调解、经济发展、便民服务、廉政监督等5个小组参与村务自治管理，服务村集体经济发展。魏庄街道王庄村成立了老年人协会，将每年的农历三月十九作为王庄村"老人节"，由村内的爱心人士、经济能人自发捐款捐物，为70岁以上老人发放慰问品，通过举办"老人节"凝聚乡贤力量，弘扬孝亲敬老美德。同时开办国学大讲堂，聘请村内现任教师6名和离任教师4名，对全村7～12岁的儿童每半月进行一次国学宣讲，传承善孝传统美德。

**（三）抓阵地，完善农村（社区）基础设施和公共服务**

一是利用宅基地改革腾退的14239亩土地，建成村民大礼堂64个、"四点半"课堂129个、村史馆120个、村室87个、党群文体广场542个、图书馆室408个、停车场468个。以乡村党员活动室、党建文化广场、政法工作室为依托，坚持一室多能、一室多用、服务优先、兼顾办公的原则，创新农村（社区）综合服务设施运营机制，通过居民群众协商管理、委托社会组织运营等方式，提高社区综合服务设施利用率。全市农村（社区）综合服务设施覆盖率达到50%以上。二是探索治理模式，激发人民群众参与社会治理的内生动力。蒲西街道向阳社区坚持问题导向，在社区治理工作中先后探索了"五微"（开展"微课堂"，树立"微榜样"，组建"微团队"，实行"微积分"，提升"微阵地"）党建、"三社联动"服务创新和"五共"（引领式共转、多元式共治、对话式共商、契约式共建、普惠式共享）治理等工作模式，注重全面了解问题，剖析问题根源，正确引导把居民的事交由居民自己解决，广大居民的精神面貌、社区环境、公共秩序焕然一新，增强了社区治理内生动力，初步实现了社区居民"心向党""一家亲"的美好愿景。三是创新方法，增强活力。蒲西街道宋庄村探索出乡村治理"五四"工作法。即"群众议、上司调、法律服、乡风评、平安守"的乡村治理模式和"上司用信、干部用理、矛调用情、顾问用法"的工作机制，实现自治、法治、德治"三治融合"，充分激发了乡村治理的活力。

### （四）抓资源整合，实现社会治理智能化

一是利用现代化手段，整合现有资源，实现信息共享。结合数字乡村试点建设，整合了国土、农业、住建等多部门信息，主要包括1∶1000的航空影像、宅基地不动产、土地承包经营权、村庄规划、建筑工匠名单、房屋图集、基本农田、养殖水面、产区交易、乡村振兴示范达标数据、乡村农厕管护服务站、畜禽养殖场空间分布等数据，搭建市乡

村三级"数字乡村"综合服务平台。二是实行网上办公，便民服务智能化。在网上办理宅基地建房申请审批、土地流转等业务，规定了农村集体所有决议在网上公示、留痕，实现了审批资料电子归档，提供了信息发布、法律咨询、资产评估等功能，不断提升综合服务平台功能，形成农村农业信息数据一张图、管理一条链、监测一张网，强化农村改革数字化管理。三是开发移动终端，畅通信息渠道。开发"长垣为农"App，在"长垣乡村振兴"微信公众号增设"长垣为农"入口，打通农村信息资源服务延伸到农户终端的环节，开通了为群众服务的"直通车"。

### （五）抓体系建设，全面推进社会治理现代化水平

#### 1. 健全公共安全体系

持续开展矛盾纠纷大排查大化解工作，健全完善乡、村两级矛盾纠纷排查调处室，纳入综治中心服务管理平台。制定下发了第一次、第二次《全市矛盾纠纷大排查大化解专项整治方案》。成立了劳资纠纷、医患纠纷、交通事故等专业性调解组织；探索建立以个人名字命名的调解室8个；成立律师调解评议团，建立诉调对接中心，最大限度地把矛盾纠纷化解在基层，解决在萌芽状态。进一步细化各类应急处置预案，将提高应急处置能力贯穿于诉讼全过程，发挥人民调解的基础作用，形成多调联动。制定长期规划，印发了《长垣市安全生产专项整治三年行动实施方案》，

成立了长垣市安全生产专项整治三年行动领导小组，建立了工作协调联络机制，聚焦危化品、消防、住建、道路交通、特种设备等 8 个风险高、隐患多、事故易发多发的行业领域，进一步压实安全生产责任。净化网络空间环境，开展日常监管与专项治理，加大对属地网站、微博、微信公众号、"抖音"等新媒体平台管控力度，进一步清理低俗色情、涉毒涉赌、涉恐热点、非法宗教、恶意营销、造谣传谣等有害信息。

## 2. 强化乡村（社区）治理体系

城乡（社区）网格全覆盖。综合考虑辖区面积、地理位置、人口规模、居住现状、服务管理事项等要素，分别按照层级和物理空间属性条块相结合科学划分网格。目前全市各行政村按照村民小组划为一个基础网格的要求共划分基础网格 4021 个，城乡各住宅小区楼栋和楼栋单元细分为 1259 个微网格和 2520 个微小网格。探索"智慧网格"服务管理，构建"四个一"（每周网格长要走访一遍分包网格区域内的居民户或服务对象；每月镇网格办对网格长工作情况进行一次检查通报，对群众的意见建议进行汇总；每季度召开一次由网格长、联户代表以及其他协管力量参加的民主评议会；每年组织召开一次网格化管理工作座谈会，及时总结经验成效）网格化治理体系，配备 4605 名专（兼）网格员。加强公共服务平台建设，依托农村宅改服务平台、"长垣为农"App、长垣微警局等互动模式，结合网络信息平台的信息化优势，整合党委、政府、企事业单位、行业协会、社会公益组织、公众、专兼职网格员等多元主体力量，为群众提供多元、便捷、高效的服务。加强综合治理平台建设，实行社会综合治理服务中心信息化建设、实体化运作，构建基层社会综合治理精细化服务管理与决策指挥的"大综合模式""大数据模式"。利用大数据和全域覆盖的27331余路视频监控摄像头，对全市实有人口、外来人口、出租房屋、企业用人分布情况进行实时精准掌控，健全问题发现机制，实现各类问题早发现、早处置、早解决。开展滩区拆建社区治理工作，打造社区治理"长垣模板"。提前介入滩区拆建社区，开辟建设"社区综治超市"，整合综治中心、信访、司法、民生、住建、法院等部门10人进驻"超市"，协助社区开展综合治理工作。

**3. 健全基层法律服务体系**

加强人民法庭、派出所、司法所联动机制，利用政法干警、律师及基层法律服务工作者等资源，健全完善多层次、全方位的基本公共法律服务体系。推进"一村（社区）一法律顾问"工作常态化，建成村（居民）法律顾问微信工作群609个，每月组织开展一次法律知识培训讲座，定期录制法律知识视（音）频在微信群里宣传，满足群众不同需求。创新政法工作室建设，在全市596个行政村、19个社区、20个企业、289所学校，设置政法工作室，每个政法工作室配备1名政法专职人员，从群众身边征地拆迁、劳资纠纷、交通事故、医患关系、家庭婚姻、邻里纠纷等微小处入手，开展法制宣传、法律咨询、化解矛盾、防范风险、维护稳定等工作，打通服务群众的"最后一公里"，实现服务群众"零距离"。

### 4. 强化社会治安防控体系

积极推进"雪亮工程"建设，市域覆盖的村（社区）、小区（庭院）、十字路口、重点部位、重点场所实现高清监控探头全覆盖。同时，依托基层网格员手机 App 移动视频摄像头，填补固定探头空白，实现视频监控全域覆盖。推动视频监控建设联网，将已建成的大 110 服务中心、"蓝天卫士"、"明厨亮灶"、"两客一危"、教育、金融、生态建设、社区矫正远程督查系统等民生监控资源和社会监控资源融入综治中心综合信息化服务平台。加强人民调解工作。赴京、去省个访人数明显下降，无涉军赴省上访，京访专项治理、重信重访、信访矛盾化解等工作均位居省直管县前列，"三率一度"居全省第一，信访综合成绩位居直管县第一。严厉打击各类涉黑涉恶涉毒、食品药品和环境污染等违法犯罪行为，各类刑事案件同比下降 23%，公众安全指数、政法机关执法满意度位居省直管县和新乡各县市前列。公众安全感指数达 97% 以上，连续 4 次获得全市政法工作"双月"讲评第 1 名。信访案件化解率、群众满意率均达 95% 以上，工作经验在全国得到推广。

### 5. 完善社会心理服务体系

搭建多层次社会心理服务平台，成立了1个市级心理咨询室、10个乡级心理咨询室，在卫生、教育系统建立了31个标准化心理咨询室，在蒲西街道、南蒲街道和蒲东街道设立村（社区）"心灵驿站"试点，开通24小时"抗疫心灵驿站"热线。同时将心理服务作为化解矛盾纠纷的助手，加强对矛盾突出、生活失意等人员信息采集，并逐步建立电子信息档案，共采集213名人员信息。组建心理服务专家队伍，整合信访、司法、教育、卫健等部门现有的心理咨询师，同时聘请河南十方心理服务团队开展心理咨询、疏导服务。现有"国家级二级心理咨询师"7名，"国家级三级心理咨询师"95名。创新宣传手段，在微信公众号"平安和谐长垣"和"平安长垣"开辟"心灵驿站"板块，利用新技术手段开展社会心理服务工作。

### （六）抓"民主法治示范村（社区）"创建

全市先后共创建"民主法治示范村（社区）"20个。在5个社区开展城市社区治理试点改革，指导19个社区按照"一有七中心"标准提升完善。出台《长垣县乡村振兴示范工程三年行动计划（2018~2020年）》，示范创建格局初步形成。确立3年投入18亿元的"369"财政投入计划，采取村申报、乡把关、市验收、社会公示模式，引导411个行政村创建乡村振兴达标村、示范村，2020年以来完成投资近 20 亿元，创成三星级示范村 1 个，二星级示范村 6 个，一星级示范村 24 个，达标村 380 个。开展城市社区治理试点改革，建立了"社区党组织 + 社区居委会、居民小组、楼院门栋长 + 社区各类服务组织"的"1 + 3 + N"运行模式。典型示范影响、感染、带动了周边群众，典型带、组织帮、自己闯，形成了学有榜样、赶有目标、奋起直追建新村（社区）的热潮，社会治理充满生机活力，为新时期乡村（社区）党建和治理工作做出了积极探索，2018 年被评为全国乡村治理体系建设试点县。

在实践中，长垣市探索创新党建引领社会治理现代化之路，坚持自治增活力、法治强保障、德治扬正气的思路，创新方式方法，健全乡村（社区）治理体系，完善治理模式，激发了干部、党员、群众的积极性，提高了社会治理水平，促进和保障了经济社会高质量发展，加快推进了绘制"有事共同干、有账共同算、有法共同守、有富共同享"的美好蓝图。

图书在版编目（CIP）数据

长垣市高质量发展之路 / 中国中小城市发展道路研究课题组，国信中小城市指数研究院编 . -- 北京：社会科学文献出版社，2021.10

（中国中小城市科学发展研究丛书）

ISBN 978 - 7 - 5201 - 9150 - 0

Ⅰ. ①长… Ⅱ. ①中… ②国… Ⅲ. ①城市经济 - 经济发展 - 研究 - 长垣 Ⅳ. ①F299.276.14

中国版本图书馆 CIP 数据核字（2021）第 198121 号

· 中国中小城市科学发展研究丛书 ·

## 长垣市高质量发展之路

编　　者 / 中国中小城市发展道路研究课题组
　　　　　国信中小城市指数研究院

出 版 人 / 王利民
责任编辑 / 陈　颖
责任印制 / 王京美

出　　版 / 社会科学文献出版社 · 皮书出版分社（010）59367127
　　　　　地址：北京市北三环中路甲 29 号院华龙大厦　邮编：100029
　　　　　网址：www.ssap.com.cn
发　　行 / 市场营销中心（010）59367081　59367083
印　　装 / 三河市东方印刷有限公司

规　　格 / 开　本：787mm × 1092mm　1/16
　　　　　印　张：16.25　字　数：154 千字
版　　次 / 2021 年 10 月第 1 版　2021 年 10 月第 1 次印刷
书　　号 / ISBN 978 - 7 - 5201 - 9150 - 0
定　　价 / 158.00 元